新时期数字档案管理与研究

李 辉 著

北京工业大学出版社

图书在版编目（CIP）数据

新时期数字档案管理与研究/李辉著.—北京：北京工业大学出版社，2021.7
　ISBN 978-7-5639-8054-3

　Ⅰ.①新… Ⅱ.①李… Ⅲ.①数字技术—应用—档案管理—研究 Ⅳ.① G270.7

中国版本图书馆 CIP 数据核字（2021）第 132783 号

新时期数字档案管理与研究
XINSHIQI SHUZI DANG'AN GUANLI YU YANJIU

著　　者：	李　辉
责任编辑：	李倩倩
封面设计：	知更壹点
出版发行：	北京工业大学出版社
	（北京市朝阳区平乐园 100 号　邮编：100124）
	010-67391722（传真）　bgdcbs@sina.com
经销单位：	全国各地新华书店
承印单位：	天津和萱印刷有限公司
开　　本：	710 毫米 ×1000 毫米　1/16
印　　张：	12
字　　数：	240 千字
版　　次：	2022 年 5 月第 1 版
印　　次：	2022 年 5 月第 1 次印刷
标准书号：	ISBN 978-7-5639-8054-3
定　　价：	68.00 元

版权所有　翻印必究

（如发现印装质量问题，请寄本社发行部调换 010-67391106）

前　言

当前，我国互联网和数字经济发展进入快车道，《中华人民共和国国民经济和社会发展第十四个五年规划和2035年远景目标纲要》中，"加快数字化发展，建设数字中国"单独成篇，提出"迎接数字时代，激活数据要素潜能，推进网络强国建设，加快建设数字经济、数字社会、数字政府，以数字化转型整体驱动生产方式、生活方式和治理方式变革"。明晰的发展路线，不仅表明了我国大力发展数字经济的决心，也给数字中国的加速"航行"指明了方向。

在新时期的档案管理工作中，合理应用数字化技术以突显数字化档案管理的巨大优势，及时完善管理制度以顺利实现网络化、智能化发展等目标，是档案管理人员必须完成的重要任务。档案管理数字化势在必行。只要不断优化档案管理效果，在实践中积累丰富经验，数字化技术支持下的档案管理工作即可取得事半功倍的理想成效。

我国十分重视档案管理工作，建立了以《中华人民共和国档案法》为基础，以档案法规、规章为主干，内容科学、程序严密、配套完备、运行有效的档案法规制度体系。档案管理工作作为基础的管理工作之一，其作用十分明显。数字化技术属于网络信息技术的一种，采用数字化技术可以提高档案管理的实效性，可以将一些有价值的信息和数据进行统一管理。定期统计和分析数据，便于档案资料的收集、查阅、提取和运用。数字化技术具有强大的数据统计分析功能，数据传输能力较强，有助于实现资源的共享，在档案管理工作中应用数字化技术是时代发展的选择。

大数据时代下档案数字化管理工作的开展，必须引起各个部门、工作人员的高度重视。只有不断加强档案的数字化管理，同时完善管理机制、各项制度，进行高素质、技术型人才的培养，才能从根本上提升档案数字化管理水平，使工作环境越发安全，弊端问题得到妥善解决。数字化档案管理优势巨大，更多单位将轻松实现创新发展的目标任务。

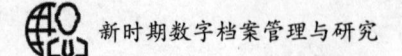

在撰写本书的过程中，笔者借鉴了部分专家、学者的研究成果和著作内容，在此表示衷心的感谢。由于笔者水平有限，书中难免会有疏漏和不足之处，恳请广大读者批评指正。

目 录

第一章 档案数字化概述 1
- 第一节 我国档案数字化建设的基本情况 1
- 第二节 档案数字化的重要性与必要性 3
- 第三节 档案数字化原则与技术要求 5
- 第四节 档案数字化的形式与流程 12

第二章 存量档案资源的数字化 17
- 第一节 历史纸质档案的数字化 17
- 第二节 传统音像档案的数字化 23
- 第三节 实物档案的数字化 29

第三章 增量档案资源的电子化 37
- 第一节 电子文件的归档与整理 37
- 第二节 电子档案的管理 48
- 第三节 电子档案进馆的移交与接收 51
- 第四节 网络信息资源的归档 55

第四章 新时期数字档案资源的管理 72
- 第一节 数字档案信息系统建设 72
- 第二节 数字档案数据库建设 80
- 第三节 数字档案专题数据库的建立 92
- 第四节 数字档案资源的日常管理 98

第五章 新时期数字档案信息的开发利用 105
- 第一节 数字档案信息利用服务概要 105
- 第二节 数字档案利用服务形式的分类 106

第三节　数字档案资源的开发 …………………………………… 134

第六章　新时期档案数字化风险管理 ……………………………… 143
   第一节　档案数字化风险与管理概述 …………………………… 143
   第二节　档案实体风险及其管理 ………………………………… 153
   第三节　档案信息风险及其管理 ………………………………… 160
   第四节　档案数字化加工环境风险及其管理 …………………… 170
   第五节　档案数字化保障机制风险及其管理 …………………… 176

参考文献 ………………………………………………………………… 184

第一章　档案数字化概述

第一节　我国档案数字化建设的基本情况

目前，全国各级档案部门保管的档案，大多是传统载体而非数字形态，纸质档案占比最大，还有照片、音像、缩微品、实物等多种载体档案。相比当今信息化社会网站、微博、微信、手机上网应用的发展，传统的载体档案管理与服务是远远不能满足党和政府高效运行机制以及社会百姓查档利用需要的。档案信息化建设、数字档案馆（室）建设的首要任务，就是要把纸质档案、照片与音像档案等传统载体的档案数字化。推动档案数字化，建设以各类数字档案信息资源库为核心的档案信息资源体系，是一场硬仗，是一项工作量巨大的艰难任务。不完成这项任务，档案部门就不能实现档案事业管理的转型升级，就必然要在大数据时代落伍，同时档案信息资源开发与服务的效益也就无法体现。

国家档案局近年来加大了档案数字化建设的规划与领导。2004年，中共中央办公厅与国务院办公厅联合发布《关于加强信息资源开发利用工作的若干意见》，提出要加快以传统载体保存的档案信息资源的数字化进程，加强信息资源的开发利用。2010年，国家档案局发布《数字档案馆建设指南》（以下简称"《建设指南》"），明确了数字档案资源建设是数字档案馆（室）建设的核心内容，传统载体档案数字化是现阶段档案数字资源建设的重要途径。《全国档案事业发展"十二五"规划》部署"十二五"期间要加快推进传统载体数字化等数字档案资源建设，打造档案信息资源共享和服务平台，为社会提供全方位档案信息服务。2013年10月，国家档案局前局长杨冬权在江苏太仓召开的全国数字档案馆推进会上进一步要求，用15年左右时间，使县以上档案馆（室）馆藏传统载体档案全部数字化、县直机关以上档案室室藏传统载体档案基本数字化，实现档案数字化利用。

近年来，各级档案部门认真贯彻落实国家档案数字化工作要求，档案数字化工作发展迅猛。中共中央统一战线工作部、审计署、水利部、海关总署等单位率先大规模开展档案数字化工作，其他许多中央与国家机关也启动跟进。中国第一历史档案馆（简称"一史馆"）保存了明清两代中央国家机关和皇家档案1000余万件（册），是研究明清社会历史的重要一手资料，是国家的记忆，是中华民族宝贵的历史文献遗产。2010年，档案馆全面启动档案数字化工作；2012年年初，财政部将"一史馆馆藏明清历史档案整理和数字化抢救保护专项经费"列入国家财政预算资金重点保障安排的支出项目，累计投入财政专项资金8000多万元；到2013年8月底，此次工作共整理档案约370万件、文件级目录约370万条，扫描档案图像约142万件、1976万画幅，成果数据总量约1100 TB；截至2015年年底，馆藏近千万件档案文件级整理基本完成，档案扫描、拍照数字化500余万件，在线和备份数据达到3800 TB。

全国各地综合档案馆（室）根据国家部署要求，大力开展传统载体档案数字化，已数字化档案占馆藏总量比率大幅上升。2014年，全国50家省级（含副省级市）档案馆（室）存量档案数字化已达1000余万卷，完成数字化率达27%。其中，哈尔滨市、深圳市等10家档案馆（室）完成率超过50%。全国市、县级基层综合档案馆（室）数字化工作也快速推进。浙江省档案数字化水平在全国处于领先地位。2014年，浙江省档案馆出台了《浙江省省直单位电子公文归档与电子档案管理暂行办法》，2017年，浙江省住房和城乡建设厅、交通运输厅等25个省级单位100%完成电子化归档配置，共在线归档电子档案27万余件。浙江档案部门践行"最多跑一次"改革，浙江省档案局牵头，以智慧档案为抓手，加快建设政务服务网电子文件管理统一平台，为"最多跑一次"改革提供技术支撑，档案全系统"最多跑一次"事项覆盖率和实现率均达100%。

太仓市档案馆率先实现了全市库存档案全部数字化和所有进馆单位档案室档案数字化"两个百分百"的目标；湖北十堰市档案局（馆）、内蒙古伊金霍洛旗等中西部地区档案馆扎实推进档案数字化工作。基层档案馆根据社会需求，重点对婚姻、知青、职工、房产、山林承包等民生档案数字化，为方便群众查档、服务社会百姓做出了重要贡献。

档案数字化管理机制建设也取得了明显成效。各级档案部门紧紧依靠当地党委和政府的支持，将档案数字化建设与电子政务和信息化建设相衔接，列入规划，获得项目经费支持。档案数字化理清了馆(室)藏档案家底,制定本馆(室)档案数字化实施方案，明确了数字化范围、内容、进度安排，制定了相应的数字化管理规章制度。同时，其健全工作机制，成立了由主要领导挂帅，业务指导、技术、档案保管等多部门参与的档案数字化建设工作机构，明确了各自工作分工与管理职责。国家档案局及时组织出台《建设指南》《纸质档案数字化规范》（DA/T 31—2017）等档案数字化相关规范标准来指导档案数字化工作。2017年10月1日，住房和城乡建设部发布了《建设电子文件与电子档案管理规范》（CJJ/T 117—2017）作为行业规范。《机关档案管理规定》自2019年1月1日起施行。新《中华人民共和国档案法》自2021年1月1日起施行，增设"档案信息化"建设章节。《党政机关电子公文归档规范》（GB/T 39362—2020）、《重大活动和突发事件档案管理办法》自2021年6月1日起施行。《中华人民共和国数据安全法》自2021年9月1日起施行。2021年10月1日起《电子档案管理系统通用功能要求》（GB/T 39784—2021）作为国家标准开始实施。

然而，在档案部门大力推进档案数字化工作过程中，档案信息安全问题日益凸显。档案数字化相关指导性文件和标准规范出台相对滞后，尤其是档案数字化过程中的安全管理、风险控制相关管理规范及制度缺乏。有些单位认识不到位，简单抓进度任务而忽视质量与安全的把控；被数字化外包公司拷贝留存数字档案、外网传输的情况时有发生；数字化过程中设备设施如U盘、硬盘使用混乱，公私不分，内外不分，登记不明。这几年个别单位已发生了数字化档案信息外泄、丢失的严重事件。这些事件与问题必须及时加以解决消除，确保档案数字化工作快速健康推进，从而加强档案数字信息资源的顺利开发利用，极大发挥档案信息服务党和国家发展大局、维护广大群众切身利益与传播历史文化典藏的重要作用。

第二节　档案数字化的重要性与必要性

数字化是信息化的一种重要形式和技术手段，它是利用计算机技术将模拟信号转换为数字信号的处理过程，即通过计算机技术将物理形式的各类信息转换成由0和1组成的二进制数字编码，形成计算机可识别的数字形式的数据。数字化在信息技术和信息管理上是一次划时代的革命，从电子计算机诞生之日起，数字化技术就开始显示出其强大的生命力，被越来越广泛地应用于社会的各个领域。进入20世纪90年代后，数字化技术开始在通信、广播电视、计算机信息网等媒介中开发与应用。互联网和信息基础设施的建设，为数字化在网络环境下的应用提供了更广泛的空间，人们正通过网络环境下的信息数字化，领略信息技术带来的快捷与便利。信息的数字化已成为信息时代的一个重要趋势，档案数字化就是这种趋势下的必然产物。

档案数字化是指应用信息技术，将记录在传统载体上的档案信息输入计算机系统，将模拟形态存在的档案信息转换成由0和1组成的二进制编码的数字形态，形成计算机可以识别和处理的数字信息的过程。可以转换为数字信息的传统载体档案类型包括纸质档案、照片档案、录音录像档案、缩微胶片档案等。本书所言的档案数字化主要是指传统纸质载体档案的数字化。纸质档案数字化就是采用扫描仪或数码相机等设备，对纸质档案进行数字化加工，将其转化为存储在磁盘、光盘等计算机载体上并能被计算机识别的数字图像或数字文本的处理过程。

档案信息化建设是信息化时代档案事业发展面临的巨大挑战与重要契机。档案是社会历史记录，档案信息资源是社会信息资源的重要组成部分。档案数字化是档案信息化建设的核心内容与基础工程，是构建档案信息资源体系的重要手段，对促进档案信息资源社会化服务、推动档案事业发展都具有十分重要的意义。

一、社会信息化发展的需要

当前，信息技术飞速发展，互联网无限延伸，数字化、网络化、信息化深刻地影响着社会各个领域，也改变着人们的工作、学习、生活和娱乐方式，人类已经进入信息时代。随着办公自动化、信息传输网络化的发展，无纸化办公成为必然趋势。同时，信息化、网络化、智能化需求不断提高，电子文件大量产生，如果不对传统载体档案数字化，就不能实现计算机环境下的档案信息利用，就不能提供网络化、一体化的查阅利用与数据共享，就无法与社会各领域、各部门的生活与工作对接，就不能适应社会信息化发展的需要。因此，档案数字化是社会信息化发展的必然产物。

档案数字化是最大限度满足社会和人民群众对档案信息资源利用需求的最好途径。档案信息资源是社会信息资源的核心内容和基础，社会及广大人民群众对档案信息需求不断增加，并且越来越关注档案信息获得的便捷性、时效性。数字化档案信息的最大优点在于它可以通过网络传送，实现档案信息的远程利用、便捷利用、多人异地同时利用；同时还可以通过大数据技术，对档案信息进行充分的、全面的、跨全宗甚至跨保管单位的整合，并进行自动检索。因此，数字化使档案利用以最新的技术手段、在最大的范围内发挥出最大的效益，它使任何人都可以不用到档案馆（室）去，而只需通过网络，就可以非常便利、迅速地利用、复制到所需要的档案信息。把传统载体档案数字化，实质上是向数字化要便捷服务，用数字化促便捷服务，从而最大限度地实现档案信息资源的社会共享，满足人民群众日益增长的信息需求。

二、档案事业发展的需要

档案事业的发展，正是在不断适应社会的发展、不断自我更新档案管理内容和管理手段，不断拓展发展空间的。如今，信息化为档案事业的发展提供了全新的管理方法与技术手段，面对信息时代的机遇与挑战，档案工作确立了以覆盖人民群众的档案资源体系、方便人民群众的档案利用体系、确保档案安全保密的档案安全体系"三大体系"建设为核心的奋斗目标。目标的实现，离不开档案信息化，特别是档案数字化这一重要的技术手段。可以说，档案数字化是"三大体系"建设的基础工程，其重要性和紧迫性已日益凸显。

档案数字化是数字档案馆（室）建设的需要。数字档案馆（室）是信息技术高度集成的现代档案馆（室），是现代化档案馆（室）的重要标志，是传统档案馆（室）的升级版。在数字档案馆（室）的建设过程中，数字化将推动档案馆（室）档案信息资源体系的建立，促进档案工作由传统的管理、利用模式向现代的管理、利用模式转变，使档案部门实现真正意义上的现代化。在今天，检验一个档案部门是否现代化，关键而基础的指标之一就是要看其传统载体档案数字化程度。同时，数字化工作的开展又将全面带动档案基础业务工作的进一步规范化，促使档案管理现代化水平得到全面提升。

档案数字化是对传统载体档案原件的最有效保护。档案是孤本性的信息资源，传统载体档案在数字化后，将来的整理、编目、统计、查阅、编研、开发等各个环节可直接对数字化档案操作，可不再动用实体档案，并可对实体档案进行封存管理，从而大大减少对档案原件的各种人为损害或自然侵害，提高档案的安全系数，从而保障档案的安全。把传统载体档案数字化，实质上是向数字化要安全，用数字化保安全，是最大限度地抢救和保护档案原件的方式之一。

第三节 档案数字化原则与技术要求

一、档案数字化的原则

档案数字化是档案信息资源建设的一项基础性工作，实现馆（室）藏档案数字化全覆盖是档案数字化工作的最终目标。为实现这一目标，需要制定档案数字化的基本原则。

曾有学者提出档案数字化的原则，如江苏省档案局方毓宁提出馆藏档案数字化十原则：科学性原则、系统性原则、整体性原则、特色性原则、通用性原则、可行性原则、安全性原则、"用户至上"原则、高仿真原则、保护原件原则。湘潭大学向立文提出库存档案信息数字化建设应坚持五大基本原则，即可行性原则、合法性原则、规范性原则、效益性原则、安全性原则。盐城师范学院卞咸杰提出档案数字化建设应遵循五大原则，即"用户至上"原则、标准规范原则、机制保障原则、资源共享原则、安全保密原则。中国人民大学王健还指出档案数字化对象的鉴选要遵循需求牵引原则、成本效益原则和分层优先原则。此外，还有人提出要遵循价值优先原则、需求优先原则、效益优先原则、抢救优先原则、分步实施原则等。

鉴于当前我国档案数字化资金等方面的实际情况，各级各类档案馆（室）对库存档案数字化时，应遵循下列原则。

（一）利用原则

实现档案信息资源的社会共享最大化是档案数字化工作的根本目的，因此档案数字化工作应以满足未来利用需求为导向，遵循便于利用、尊重利用的原则。要本着利用优先原则，选择利用频率高的、与民生息息相关的档案分批逐步进行库存档案数字化。在制定数字档案标准时，应充分考虑资源共享与利用的需要，规范数据格式，以利于数字档案资源在信息社会的传播与利用。

（二）保护原则

以保护、抢救档案为目的，将损坏严重的档案优先数字化，使库存档案记录的信息不会因为载体的损坏而消失，确保档案信息安全与完整；同时，将数字化后的档案信息用于提供利用，有效减少档案原件在利用过程中的各种损害，对档案原件起到保护的作用。抢救即将形成时间久远、质地脆弱，甚至已经破损的档案作为数字化转换优先考虑的对象。如果不对这些档案优先进行数字化的处理，档案一旦损毁，将无法挽回。档案原件的损毁，意味着历史记忆的缺失，因此从保存原件原貌的角度出发，对濒危的、有保存价值的档案进行及时、抢救性地数字化处理是必要的，也是符合档案工作特性和规律的。

（三）安全原则

要确保档案数字化后档案信息的安全性保管，以档案信息备份为手段，对传统载体档案数字化后的档案信息进行备份保存，确保档案记载信息存在于安全环境之下。同时，要确保档案数字化过程的数据与实体安全。

（四）全宗原则

全宗原则就是在档案数字化的过程中必须尊重历史上形成的档案整体——

全宗。在具体数字化实施工作中，将每个全宗的档案视作一个整体，逐一进行数字化，确保同一来源档案信息的关联性、完整性，便于建立起相互联系的信息资源体系。

（五）计划原则

要以全部库存为目标，编制库存档案数字化工作方案，根据规模、数量、人员、资金和本单位档案信息化的推进要求，对传统载体档案有计划地逐步数字化，最终实现档案资源全部数字化的目标。

二、档案数字化的技术要求

（一）设备要求

1. 计算机

计算机是档案数字化的工作平台，一般使用普通台式计算机。随着计算机技术的发展，在机型选择上没有太多的要求，近年出产的机型已经完全能够应对数字化处理工作。当然为了有较快的运算速度和较大的存储空间，配置上是越高越好，对于图像质量要求较高的还应配备独立显卡，用于多媒体档案数字化的应配置音频采集卡。需要强调的是，为提升安全系数，应禁止使用无线键盘和鼠标，关闭各类无线传输功能，必要时屏蔽移动介质存取和光盘刻录功能，仅留扫描仪、打印机和局域网链接等必备外接端口。

2. 扫描仪

扫描仪是利用光电技术和数字处理技术，以扫描方式将图形或图像信息转换为数字信号的设备。扫描仪是数字化工作中对纸质档案进行数字化的重要工具。扫描仪类型主要有滚筒式扫描仪和平面扫描仪，近年来还出现了笔式扫描仪、便携式扫描仪、高速扫描仪、胶片扫描仪、底片扫描仪和名片扫描仪等。平面扫描仪适用范围较广，不拆卷也可扫描，滚筒式扫描仪必须拆除原有装订才可扫描。按扫描的幅面大小，还可以分为 A3、A4 等扫描仪。按扫描速度，又可以分为普通和高速扫描仪。

扫描仪的主要技术指标有分辨率、色彩模式、扫描速度、最大幅面等。分辨率是扫描仪最主要的技术指标，其单位为 dpi，即每英寸的像素数。dpi 数值越大，扫描图像越清晰，但文件存储容量也越大。对扫描分辨率的选择，原则上以扫描后的图像清晰、完整、不影响档案图像的使用效果为准。

扫描的分辨率大多数为 200~2400 dpi。当分辨率大于某一特定值时，只会使图像文件存储容量增大而不易处理存储,并不能对图像质量产生显著的改善。对纸质档案数字化而言,达到 600 dpi 就已经足够了,通常达到 300 dpi 就可以满足使用要求。色彩模式分彩色和黑白,有些彩色扫描仪具备彩色黑白自动识别功能(当扫描到彩色页面时输出彩色图像,当扫描到黑白页面时输出黑白图像,这样既能保持档案原貌,也能尽可能地降低存储空间)。彩色扫描仪扫描效果也要看色彩位数指标,色彩位数的具体指标是用"位"(bit,即 2 的多少次方)来描述的,24 位真彩色表明扫描仪可分辨 1670 万种颜色,30 位真彩色是 6.87 亿种颜色,而 36 位真彩色是 1670 亿种颜色。

扫描仪的色彩位数越多,就越能真实反映原始图像的色彩,扫描仪所反映的色彩就越丰富,所扫出图像的效果也就越真实,当然所形成的数据量也随之增大,造成图像文件体积加大,成本相对较高。根据档案数字化的特点,建议选购彩色平板机型,分辨率 ≥ 200 dpi 以上、A3 幅面、24 位真彩色以上,个别档案可以个性化选购。

3. 刻录机

刻录机用于数据的离线传输或临时保存数据光盘的制作。一般选择 DVD 刻录机或蓝光光盘刻录机,DVD 刻录机数据容量一般为 4.7 GB,目前常用蓝光光盘刻录机容量为 25 GB 或 50 GB。

4. 打印机

用于档案数字化流程中形成的各类流转单打印。一般普通 A4 幅面打印机即可。

5. 多媒体档案采集和编辑设备

用于多媒体档案模拟信息转换为数字信息的设备,包括数码摄像机、录像机、录音机、磁带转录机等。

6. 网络设备

组建档案数字化局域网所需设备,包括服务器、机柜、交换机、路由器、UPS 电源等。

7. 存储与备份设备

数字档案存储和备份的专用设备,包括光盘、磁盘、磁盘阵列;磁带、磁带库等,同时还应配备相应的支撑服务器和传输设备。

8. 安全设备

确保数字化场所和相关设备安全的基础设施和设备,包括门禁系统、消防系统、监控系统等相应配置设备。

档案数字化设备应根据参与人员数量和岗位分工配置齐全,设备的选择与使用需根据本单位的实际情况而定。

(二)加工系统要求

功能全面、性能稳定的档案数字化加工系统能够使数字化工作人员从繁重的工作中解脱出来,大大减轻工作量,减少人为的工作失误,全面提高数字化工作的管理效率及产品质量。

根据数字化工作的基本环节,对档案数字化加工管理系统的要求如下。

1. 功能全面,自动化程度高

档案数字化加工管理系统主要应具备目录整理、档案扫描、图像处理、图像与目录质检、查询检索、数据转换、数据上传、数据导出、光盘刻录、光盘浏览、打印输出、报表打印、管理后台、权限分配和日志审计等功能。自动化程度体现在代替或减轻人工操作的能力上,如批处理、自动编号、自动命名、自动图像处理、自动质检等功能。

2. 各个功能模块有效衔接

各个功能模块有效衔接指的是网络化、流程化。各个工作环节形成流水线,形成适合多人、不同工作内容但在同一局域网内的工作模式,并注重各个环节的连续性,可定制和选择工作流程。避免出现单机脱网工作模式,所有工作都在流水线上,一旦出现处理失误时可以回退、纠正。

3. 软件稳定,操作简单,兼容性强

界面简洁,易学易用,避免长时间培训,常用功能可配置快捷键。兼容常用操作系统支持,兼容常见扫描设备,对于不兼容的设备可定制开发驱动程序,能够与各类数据库无缝链接。

4. 安全可靠,能够辅助项目管理

具备网络管理、岗位管理、用户管理、权限管理、密码管理、日志管理等功能,能够根据工作的数量和质量核算工资,使得各岗位人员责权分明,方便进行绩效评估。拥有版权,符合保密要求。

(三)数字化处理与质量要求

1. 数字化扫描要求

一是档案数字化的扫描方式。根据档案幅面、材质、厚度的不同需要选择不同的扫描方式。时间久远、纸张状况较差以及纸张过薄、过软或超厚的档案文件，必须采用平板扫描方式；纸张状况好的档案可采用高速扫描方式以提高工作效率。扫描时，必须将档案纸张放置端正，最大限度地减少因偏斜产生的图像失真问题；扫描图像要完整，文件上的正文、页码、有关标记等必须纳入扫描图像范围。大幅面档案可采用大幅面数码扫描平台，或者缩微拍摄后的胶片数字化转换设备等进行扫描，也可以采用小幅面扫描后的图像拼接方式处理；可以自然展开的筒子页应作为一个页面扫描，但件内应保持一致。采用分幅拼接方式对大幅面档案进行数字化时，应在对应的目录数据中记录图像拼接行为。实物档案应采用数码相机进行数字化。

二是档案数字化扫描的色彩模式。通常的扫描色彩模式有黑白二值、灰度、彩色等，根据实践经验色彩模式扫描更能接近档案实体原貌，因色彩模式能够最大限度地获取档案实体信息量。但如果只是提供档案信息利用，则推荐使用黑白二值或灰度形式，可以大大节省其数据存储空间。

三是档案数字化扫描的分辨率。扫描分辨率参数大小的选择，原则上以扫描后的图像清晰、完整，影响图像的利用效果为准。一般采用黑白二值、灰度、彩色几种模式对档案进行扫描时，其分辨率一般均建议选择≥200 dpi。特殊情况下，如遇文字偏小、密集、清晰度较差的档案，可适当提高分辨率，建议扫描分辨率≥300 dpi。需要进行OCR汉字识别的档案，扫描分辨率建议选择≥200 dpi，需要进行扫描出版的，其分辨率一般均建议选择300 dpi，照片扫描分辨率一般建议选择600 dpi。有仿真复制、印刷出版等其他用途时，可根据需要调整扫描分辨率。需要进行高精度仿真复制的档案，扫描分辨率建议≥600 dpi；需要进行印刷出版的档案，可结合档案幅面、印刷出版幅面、印刷精度要求等选择合适的分辨率。

四是位深。位深是表示扫描仪所能产生的颜色范围。位深越大，扫描仪所反映的图像色彩越丰富，但占用空间也越大。常见的有24位、32位、42位等，彩色扫描最少需要24位。

五是档案数字化扫描登记。填写纸质档案数字化转换过程交接登记和工作流程表单，登记扫描的页数，核对每份文件的实际扫描页数与档案整理时填写的文件页数是否一致，不一致时应注明具体原因和处理方法。

2. 图像的处理要求

一是档案扫描图像的纠偏。对出现偏斜的图像应进行纠偏处理，规定允许的倾斜度范围，以达到视觉上基本不感觉偏斜为准。对方向不正确的图像应进行旋转还原，以符合阅读习惯。

二是黑框、黑边、黑线等应进行去污处理。处理过程中应遵循在不影响可读性或可懂度的前提下展现档案原貌的原则。

三是档案扫描图像字迹与色彩的处理。档案原件发生字迹洇渗的，必须采用档案数字化加工管理系统图像处理功能（如蜕化字迹功能）清晰字迹笔画。档案原件色彩明暗深浅不一的，必须采用档案数字化加工管理系统图像处理功能（如色彩、明亮等平衡功能），调整图像使其深浅一致。

四是档案扫描图像的拼接。对大幅面档案进行分区扫描形成的多幅图像，应进行拼接处理，合并为一个完整的图像，以保证档案数字化图像的整体性。

五是档案扫描图像的裁边处理。裁边处理应遵循精确复制的原则，按照《纸质档案数字化规范》（DA/T 31—2017）的要求进行。裁边处理要保证数字图像清晰、端正，数字副本应能准确反映档案原件的原始面貌，不得出现原件没有的颜色、变形、马赛克、明显皱纹等影像。不得去除档案页面原有的纸张褪变斑点、水渍、污点、装订孔等。应在距页边最外延 2～3 mm 处裁剪数字图像，不得裁掉纸质档案原有页边，包括破损、歪斜页边。

六是图像中文字的 OCR 识别。如有需要的，可将经过优化处理后的图像，利用相关技术进行 OCR 识别，针对不同的档案资料，在识别时，通过人工干预的形式，对档案资料中表格、图片、文字进行版面分析，对错误识别的文字进行校对、修改，确保文字识别的正确率。OCR 识别的文本文件可以用于记录档案内容，辅助利用查阅，也可为档案全文检索提供数据资源。

3. 图像的质检要求

扫描结束后，必须对扫描获取的图像进行检查，对有问题的图像进行技术处理，要按照《纸质档案数字化规范》（DA/T 31—2017）的要求，使图像质检合格率达到 100%。

档案图像数据的质量检验。数据质量检验包括数字图像质检与目录数据质检两个部分。数字化过程中应 100% 进行质检，发现不合格目录或扫描件及时进行处理，处理完毕再次检验，直到全部合格。总质检或验收质检应按批次数据采用随机抽检方式进行，质检次数不少于两次。抽检率根据本馆情况而定，一般情况下，一次质检抽检率不少于 20%，二次质检抽检率不少于 10%，批次抽检合格率应为 100%，否则不予验收。对图像偏斜度、清晰度、失真度等进行检查，发现不符合质量要求时，应重新进行图像的处理；由于操作不当，造成扫描的图像文件不完整或无法清晰识别时，应重新扫描；发现文件漏扫时，应及时补扫并正确插入图像；发现扫描图像的排列顺序与档案原件不一致时，应及时进行调整；认真填写相关表单，记录质检结果和处理意见。

第四节　档案数字化的形式与流程

一、档案数字化的主要形式

（一）自主加工

档案数字化自主加工即档案部门自行配备数字化加工设备，自行组织人力进行档案数字化工作。这一模式适用于馆（室）藏档案数量少或重要、核心的档案数字化工作。档案部门对涉密档案以及其他不能外包加工的档案应采取自主加工的方法。具备人员、技术等条件的档案部门可自建数字化加工部门或队伍，开展馆（室）藏档案自主加工。

自主加工的主要优点是安全风险相对较小并容易控制。从事自主加工的工作人员是专职档案工作人员或经严格政治审查的外聘人员，档案泄密的可能性小，丢失的可能性也比较小。但是自主加工也存在建设周期长、成本投入高、工作效率低等弊端。以自主加工形式进行的档案数字化，必须解决好人员、设备、场地、经费、管理等一系列问题，投入的成本较大。

（二）外包加工

外包是起源于 20 世纪 80 年代的一种企业创新经营管理方法，主要是通过委托外部专业团队或服务机构来承接本组织的非核心业务，以达到降低成本、节省时间、提高效率和改进质量的效果。档案数字化外包加工就是外包的一种形式，是档案部门将馆（室）藏档案的数字化工作委托给有一定资质的档案数字化专业服务公司或服务机构完成的业务服务形式。

外包又分为业务外包和完全外包。业务外包是指档案部门提供加工场所，将档案数字化加工委托给专业服务机构，自行配备或者由承包公司提供数字化加工设备进行档案数字化加工的形式。完全外包是指档案部门将档案数字化加工从具体业务到工作管理全部委托给专业服务机构的形式。档案数字化外包可以让档案的数字化加工、整理更加高效，可以节省人力、物力和经费，同时可以让档案部门人员减少非专业领域的投入，而专注于档案馆（室）熟悉的档案专业领域。

现在社会上有许多专门承揽档案数字化加工业务的服务机构，这些机构具备专业化的软硬件，拥有流程化、模块化、规范化生产线，拥有熟悉计算机操作的专业加工队伍，了解档案政策和档案业务，有能力提供规模化、专业化的数字化加工服务。

档案数字化外包加工也带来一些问题，如目录著录质量差、加工流程不合理、功能不全面、系统流程复杂、后期维护难等，严重影响了档案数字化质量。外包人员流动性大、队伍管理较难、外包加工信息与实体安全风险较大的问题尤其突出，档案数字化外包加工是一把"双刃剑"，档案部门应研究并认清档案业务外包存在的风险因素，从而进行全面风险控制，确保档案数字化工作健康稳定发展。

二、档案数字化的基本流程

档案数字化流程是档案数字化工作过程中各个环节的次序或顺序的布置和安排。档案数字化工作环节多，环环相扣，劳动密集，工作内容复杂，涉及方方面面，为确保在数字化工作过程中档案及其数据的安全、有序，因地制宜地制定合理的流程是档案数字化工作的关键。

由于各个单位的档案情况不同，有些环节可以合并进行，也可以分开进行，要根据实际情况确定。但无论如何进行，业务流程中必须能够把握各个环节之间的有效衔接，确保各环节设计缜密，使安全风险最小化。

业务流程涉及参与工作的部门和人员的分配、岗位职责的划分等，各环节的衔接须重点厘清几点：一是各个环节之间有清晰边界，需明确接收的工作内容和移交的工作内容；二是各个环节在确定的时间和空间里有确定的顺序；三是各个环节不孤立存在，必须与上下环节有效衔接。通常工作流程需要根据实际情况在工作中持续改进和优化，消除无价值的环节。

本书梳理、制定了纸质档案数字化工作基本流程。尽管档案数字化业务流程有所差异，但都应具备以下环节。

（一）档案准备

档案准备包括调卷、数量清点、登记和交接。档案准备的调档交接，是档案数字化工作的开始，需详细准确；交接的档案数量清点，需要具体统计到盒（册）、卷、件、页及相关附件，对要数字化的档案应分阶段分步骤进行交接。档案保管部门与承包数字化部门应有专人负责调卷和接收工作，每次调取的档案数量应按照先前的工作计划和进程控制，双方交接人员应该现场填写交接清单，交接单中应写清档案文件的名称、数量、页数、接收人姓名、接收日期等内容，双方签字确认。

（二）档案扫描前处理

档案扫描前处理是将档案检查调整到可以进行扫描状态的过程。该过程包括整理目录、拆卷、页码顺序检查、纸张检查、纸张整平等流程。

整理目录时，若无目录，则需要著录目录；若目录有误，需要修改目录。目录正确之后，由数字化公司进行审查，审查不合格将打回上一环节重复进行，审查合格后再由目录审查小组再次核查，合格之后方可进入下一个环节。整理及检查目录、页码包括：卷内文件目录题名纸质档案数是否准确、规范；卷内文件页码编写是否正确、是否有重份文件。对页码有误的重新编页，对卷内文件目录题名错误的予以更正，对目录与卷内文件页码不一致的予以更正，并修正目录数据。拆卷后，要进行纸张的检查和纸张整平工作。卷内文件页面需要修整的整平、修补，对有空洞、残缺或折叠磨损的部位进行修裱，以稳定、恢复出现褪变、扩散的档案字迹；缺少卷内备考表的要给予增添，并记录下检视修正内容。拆除案卷装订，标出不需要扫描的文件（如重份文件）；填写档案数字化工作单，装入待扫描档案盒，准备移交扫描工序。

（三）档案扫描

档案扫描是纸质档案数字化的一个主要工序，是档案数字化的中心环节，直接关系着档案数字化的质量。为保证扫描的效果和效率，应严格按照《纸质档案数字化规范》（DA/T 31—2017）要求，根据档案状况与利用要求确定扫描方式、色彩模式与分辨率，在不损害档案原件纸张的前提下，确保档案扫描图像的质量。

（四）图像处理与检查

图像处理是对扫描获得的档案文件的图像进行修正的过程。该过程包括查看图像清晰度，纠正图像的倒置与歪斜现象，去除漏光造成的黑点、黑边，核查图像分幅扫描是否正确，并进行正确拼接。图像检查有严格的要求，在分件之后，需要由数字化公司进行质检，若图像质量不符合《纸质档案数字化规范》（DA/T 31—2017）要求，需对档案重新进行扫描，合格的图像进行相应的格式转换，转换格式之后再由档案部门检查，合格之后方可进行下一步操作。

（五）图像文件命名与存储

图像文件命名与存储是给扫描获得的图像一个文件名并进行存储的过程。

档案目录数据库中的每一份文件，都有一个与之相对应的唯一档号，一般以该档号为这份文件扫描后的图像文件命名。多页文件可采用该档号建立相应文件夹，按页码顺序对图像文件命名。为了便于管理和数据挂接，图像文件命名的档号格式必须与其目录数据库中的档号格式相一致。扫描获得的图像要按照《纸质档案数字化规范》（DA/T 31—2017）的要求，采用 TIFF（G4）格式或 JPEG 格式存储，供网络查询的扫描图像，也可存储为 OFD、PDF 或其他格式。同时填写形成相应工作单。

（六）目录与图像关联

目录与图像关联是将扫描获得的档案数字图像通过应用软件，与目录数据进行关联的过程，也称图像挂接。目录与图像关联前，要将每一页（份）档案原件数字化所得的一个或多个图像存储为一份图像文件。将图像文件存储到相应文件夹时，要认真核查每一份图像文件的名称与档案目录数据库中该份文件的档号是否相同、图像文件的页数与档案目录数据库中该份文件的页数是否一致、图像文件的总数与档案目录数据库中文件的总数是否相同等；并填写形成相应工作单。

（七）目录与原文对应检查

目录与原文对应检查是档案数字化的一个重要工序。它是在目录与原文挂接后，核查目录数据的档号与对应图像数据的档号是否相同、目录数据中的页数与图像文件的页数是否一致、目录数据的数量与图像数据的数量是否一致、目录数据的内容与图像数据的内容是否一致的过程。如不一致，必须重新进行图像文件命名与存储或目录与图像关联，并重新填写形成相应工作单。

（八）数据验收

数据验收是对数字化后档案数据的质量进行检查、评测、验收的一个工作过程。数据验收可以采取分批逐次检测与验收的方式，对验收的内容可采取随机抽样的方式，样本要分布均匀。一般每个批次验收的抽样率不少于5%，合格率要达到100%，如有错误要退回数字化部门返工整改。验收合格后应形成验收报告并经相关领导审核签字，同时填写相应工作单备案。

（九）数字化成果存储、备份

数字化成果存储、备份是在档案数字化成果通过验收后对档案数字化的数据储存和备份的过程。验收合格的数据要及时储存和登记，并对存储的数据磁

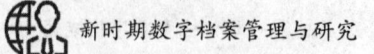

盘做好标记和备份。为保障数据的安全,可采取在线或离线相结合的方式实现多套备份,适时开展异地保存和异质备份,同时建立定期检查的管理机制。

(十) 档案原件的装订、还卷

当整个数字化项目验收合格之后,需要对档案原件进行装订恢复。同时,档案部门工作人员都需要对装订后的档案原件进行检查,检查通过之后还应进行消毒处理,最后将原件完整、安全地归还档案库房上架。

第二章　存量档案资源的数字化

第一节　历史纸质档案的数字化

2017年,我国发布了《纸质档案数字化规范》(DA/T 31—2017)的行业标准,该标准对"纸质档案数字化"的概念进行了界定。纸质档案数字化,就是指采用扫描仪或数码相机等数码设备对纸质档案进行数字化加工,将其转化为存储在磁带、磁盘、光盘等载体上并能被计算机识别的数字图像或数字文本的处理过程。需要特别指出的是,由于照片档案也是以一种静态方式呈现内容,因此照片档案数字化也归入了纸质档案数字化的行列。

一、前处理工作

档案数字化的工作对象是传统档案,而传统档案的数字化前处理工作是档案数字化成果质量的关键。其执行和完成情况直接决定了档案数字化工作的效用和成败。在这个意义上,档案数字化前处理工作是档案数字化项目的基石,起着关键性作用。

在一些档案数字化项目的实施过程中,一些部门急于体现档案数字化转化工作的成果,常常忽视了档案数字化的前处理工作。其结果就是制约了档案数字化的工程进度,影响了档案数字化的成品质量,造成人力、物力、财力的不必要损失。

数字档案馆项目建设中曾经有另一大误区:过度追求"内容为王",不对档案进行鉴定区分、整理与修复,只是简单将大量档案进行扫描,造成"垃圾信息"现象严重,使档案数字化成果不好用,甚至不能用。因此,档案数字化前处理工作不是可有可无的工作,而是数字化系统工程中必不可少的重要环节。

档案数字化前处理工作涵盖了档案鉴定、整理和修复、目录数据库建设三个方面的主要任务。

(一)档案鉴定

档案鉴定主要是界定档案数字化的加工范围。

1. 确定数字化的范围

全面数字化并不意味着不加选择地进行数字化，片面追求数字化率的方式显然是错误的，应该在对档案进行严格鉴定的基础上进行全面的数字化。在对数字化对象进行选择的过程中，可以参照前文所提到的档案数字化原则，尤其是《纸质档案数字化规范》（DA/T 31—2017）中所提到的基本原则，即"使档案信息资源准确、方便、快捷地提供利用，使可以公开的档案信息资源得到共享，以满足社会对档案利用的需求"。该原则可以作为确定档案数字化范围的基本指导原则。

2. 确定扫描的范围

确定了档案数字化的范围之后，还需对扫描及不扫描的范围进行界定，以达到降低信息冗余度，极大地满足用户需求的目的。《纸质档案数字化规范》（DA/T 31—2017）规定要按要求把同一案卷中的扫描件和非扫描件区分开，把无关和重份的文件剔除，有正式件的文件可以不扫描原稿。数字化档案的本质作用是信息共享，因而应努力避免数字化信息的重复性冗余。事实上，纸质档案中存在大量冗余信息，降低了档案信息的存储和检索效率。因此，有必要按要求把同一案卷中的扫描件和非扫描件区分开。区分的原则是：无关的和重份的文件，以及文件形成过程中所产生的最后稿本外的其他各种稿本、参考资料等要剔除。基于此，可以将扫描范围具体界定为：发文中的正本及其附件；发文中没有正本的定稿；有本级党政领导人亲自批示和审改内容的文件底稿；被全文转发过的收文；记录有阅文、办文处理意见和签名的文件处理签；处理历史事件和办理文件过程中形成的信函、便条等各种形式的记录材料；登记表、报表、会议记录等其他各种非公文格式的文稿。同时，不扫描范围可以界定为：重份文件；有正本的一般性发文底稿；已被其他文件全文转发，并与转发件排列在一起的被转发文件；成批报表中内容相同的填表说明；记录本等成册档案材料中的空白页；已建立有数据库的档案目录和备考表。

（二）整理和修复

对档案进行整理和修复，不仅可以保证档案数字化工作的顺利进行，而且可以确保档案数字化的成果达到规定的要求。其中，档案整理主要是检查案卷及卷内文件级目录是否准确、清晰，案卷是否存在缺件、缺页以及页码编制不准确现象，而档案修复主要是通过修复技术对破损档案予以修复，从而确保档案能够满足数字化要求。

在档案的实体整理过程中一般存在着一定的问题，具体如下：未对案卷进行开放鉴定，即涉密档案未经过鉴定而向公众提供利用，往往会造成泄密；组卷不够规范，即由于各单位采用不同的组卷方法，或者采用不同的排列顺序等，导致组卷混乱现象的产生；目录表以及备考表填写不够规范，包括案卷目录和卷内目录，往往会出现两种目录不匹配的现象；文件编号不规范，即往往会出现编号重复、编号遗漏以及共享编号等状况，导致不能通过编号保证档案的原始性和连续性；案卷标题或文件题名不标准，出现信息不全面、关键信息不准确、简称不具有唯一性、滥用符号等问题；文件页码不规范，出现缺失页码、随意涂改等问题，造成了一种混乱的状况，因此在对档案进行数字化之前，都会重新编制页码。

（三）目录数据库建设

库存档案目录数据库能够对库存档案信息进行全面的反映，因此要构建规范化的档案目录数据库，以此提供完整而准确的档案目录信息。

二、加工流程

根据《纸质档案数字化规范》（DA/T 31—2017），纸质档案数字化的基本环节主要包括档案整理、档案扫描、图像处理、图像存储、目录建库、数据挂接、数据验收、数据备份、数字化成果管理。

（一）档案整理

为了确保档案数字化质量，在扫描之前，根据档案管理情况，需要对档案进行适当整理，并视需要做出标识。这些整理步骤包括目录数据准备、拆除装订、区分扫描件和非扫描件、页面修整、档案整理登记以及扫描后装订复原。

（二）档案扫描

1. 就扫描方式而言

档案扫描需要按照档案幅面大小选择合适规格的扫描仪进行扫描，纸张状况较差或者过薄、过软，以及超厚的档案、页面为多色文字的档案，可采用灰度模式扫描。

2. 就扫描色彩而言

扫描色彩一般包括黑白二值、灰度、彩色等，需根据档案的清晰程度、插图的色彩来选择适合的扫描色彩模式。一般档案可采用灰度模式进行扫描，彩色档案可采用彩色模式进行扫描。

3. 就扫描分辨率而言

对纸质档案采用低精度扫描，即可满足一般用户在计算机上浏览、打印的需求，避免过多占用空间。

4. 就扫描登记而言

扫描登记需要认真填写纸质档案数字化转换过程交接登记表单，登记扫描的页数，核对每份文件的实际扫描页数与档案整理时填写的文件页数是否一致，不一致时应注明具体原因和处理方法。

（三）图像处理

当扫描工作结束之后，需对扫描图像进行相应的处理，主要包括以下几项。

1. 图像数据质量检查

图像数据质量检查即对图像偏斜度、清晰度、失真度等进行检查。发现不符合图像质量要求时，应重新进行图像处理，或者由于操作不当，造成扫描的图像文件不完整或无法被清晰识别时，应重新扫描，而发现文件漏扫时，应及时补ারੁ时 正确插入图像，发现扫描图像的排列顺序与档案原件不一致时，应及时进行调整，且认真填写相关表单，记录质检结果和处理意见。

2. 纠偏

纠偏即对出现偏斜的图像进行纠偏处理，以视觉上基本不感觉偏斜为准，对方向不正确的图像进行旋转还原，以符合阅读习惯。

3. 去污

对于图像页面中出现的影响图像质量的杂项，如黑点、黑线、黑框、黑边等应进行去污处理。

4. 图像拼接

对大幅面档案进行区分扫描形成的多幅图像，应进行拼接处理，合并为一个完整的图像，以保证档案数字化图像的整体性。

5. 裁边处理

采用彩色模式扫描的图像应进行裁边处理，去除多余的白边，以有效缩小图像文件的容量，节省存储空间。

（四）图像存储

对图像进行处理之后，需要选择合适的格式对图像进行存储，并对图像文件进行命名。扫描后的图像以 TIFF 格式存储。每一份档案都有一个与之相对应的唯一的档号，以档号命名转换后的图像文件，档号的命名格式应符合规范要求。档号命名后，可按照目录数据库中的档号组成项分级建立图像文件夹。各级文件夹建议采用对应的档号组成项命名，以保证图像的文件名与目录数据库中档号的一致性和唯一性，建立起一一对应的关系，为实现目录数据库与图像文件的批量挂接提供条件。

【阅读拓展】纸质档案数字图像存储格式

①纸质档案数字图像长期保存格式为 TIFF、JPEG 或 JPEG 2000 等通用格式，图像压缩率的选择可根据实际应用的需求而定。

②TIFF 格式通常选用 CCITIG4 压缩类型，其文件扩展名为"TIF"。用 TIFF 格式扫描的优点是压缩后影像还原清晰，而且能多页保存，后期图像处理方便。缺点是 TIFF 格式扫描时占用的存储容量较大。

③JPEG 格式选用 JPEG 压缩类型，其文件扩展名为"JPG"。用 JPEG 格式扫描的优点是扫描时占用的存储容量较小，缺点是 JPEG 格式经压缩后还原度较差，存储信息会有不定的损失，易使扫描影像模糊，而且只能单页保存，造成后期图像处理不便。

④纸质档案数字图像利用时，也可从网络浏览速度、易操作性、存储空间占用等方面进行综合考虑，将图像转换为 OFD、PDF 等其他格式。PDF 是国际通用的版式文档格式，该格式的优点是通用性强，可包含文本、图像、超文本链接、声音和视频等多种信息，一般适用于利用网络系统进行查询的扫描图像文件。

OFD 是开放版式文档格式的缩写，其文件扩展名为"OFD"。该格式是我国的一个基础的版式文档格式，具有以下特点：格式透明、支持自包含、格式自描述、显示一致性、不绑定软硬件、持续可解析、稳健、支持技术认证机制、易存储、支持目录、支持内容提取、易于按需获取内容、支持扩展、内容覆盖全面等。

（五）目录建库

档案要按照《档案著录规则》（DA/T 18—1999）的要求进行著录，建立档案目录数据库。目录建库应选择通用数据格式，所选定的数据格式应能直接或间接通过 XML 文档进行数据交换。目录数据库建成之后，可采用人工校对或软件自动校对的方式，对目录数据库的建库质量进行检查。要核对著录项目是否完整，著录内容是否规范、准确，发现不合格的数据应要求修改或重录。

（六）数据挂接

目录数据库建成之后，需要将目录数据与关联的数字图像进行挂接。数据

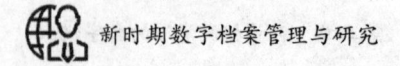

挂接包括汇总挂接和数据关联。

1. 汇总挂接

汇总挂接，是指将档案数字化转换过程中形成的目录数据库与图像数据库，通过质检环节确认为"合格"后，通过网络及时加载到数据服务器端汇总。

2. 数据关联

数据关联，是指通过检查每一份图像文件的文件名与档案目录数据库中该份文件的档号的一致性和唯一性，建立起一一对应的关联关系，为实现档案目录数据库与图像文件的批量挂接提供条件。最后要认真填写纸质档案数字化转换过程交接登记表单，记录数据关联后的页数，核对每一份文件关联后的页数与档案整理、扫描时填写的页数是否一致，不一致时应注明具体原因和处理方法。

（七）数据验收

完成以上环节后，一般以抽检的方式检查已完成数字化转换的所有数据，包括目录数据库、图像文件及数据挂接的总体质量。

1. 验收指标规定

目录数据库与图像文件挂接错误，或目录数据库、图像文件之一出现不完整、不清晰、有错误等质量问题时，抽检标记为"不合格"。

2. 一个全宗的档案

数字化转换质量抽检的合格率达到95%以上（含95%）时，予以验收"通过"。

3. 验收"通过"的结论

该结论必须经分管领导审核、签字后方有效。

4. 填写表单

需认真填写纸质档案数字化验收登记表单。

（八）数据备份

经验收合格的完整数据应及时进行备份。为保证数据安全，备份载体的选择应多样化，可采用在线、离线相结合的方式实现多套备份，并注意异地保存。备份数据也应进行检验，其检验内容主要包括备份数据能否打开、数据信息是否完整、文件数量是否准确等。数据备份后应在相应的备份介质上做好标签，以便查找和管理。最后需填写纸质档案数字化备份管理登记表单。

（九）数字化成果管理

加强对纸质档案数字化成果的管理，确保其安全、完整和长期可用。纸质档案数字化成果提供网上检索利用时，应有制作单位的电子标识，并根据具体情况分别采用可下载或不可下载的数据格式。

第二节　传统音像档案的数字化

本节所指的传统音像档案包括录音录像档案和缩微胶片档案两种。

一、录音录像档案数字化

《录音录像档案数字化规范》（DA/T 62—2017）规定了录音档案和录像档案数字化的技术和管理要求，其可适用于以模拟信号形成的录音录像档案数字化转换及数字化成果的管理。《录音录像档案数字化规范》（DA/T 62—2017）所称的录音录像档案数字化是指对录音档案和录像档案进行数字化加工处理，使其在保持档案内在联系的基础上，转化为存储在磁带、磁盘、光盘等载体上的数字副本，并按照档案的内在联系，建立起与目录数据和元数据的可靠关联的处理过程。

（一）前期准备工作

1. 数字化工作的组织

根据《录音录像档案数字化规范》（DA/T 62—2017）要求，录音录像档案数字化工作的组织应该由机构人员、基础设施、管理制度、工作流程控制、工作文件管理及委托外部实施六个方面来保障。第一，就机构及人员而言，应建立专门的录音录像档案数字化工作组织机构，配备具备相应素质和技术水平的工作人员，并通过科学规范的管理制度对工作人员进行规范化管理；第二，就基础设施而言，应配备专用的录音录像档案数字化加工场地，应合理规划、配备和管理录音录像档案数字化设施设备，确保设施设备安全、先进，能够满足档案数字化工作的需要；第三，就管理制度而言，应制定科学化、规范化的录音录像档案数字化管理制度，录音录像档案数字化管理制度建设应从岗位管理、人员管理、场地管理、设备管理、保密安全等方面的制度建设进行；第四，就工作流程控制而言，应依照相关的法律法规和各类技术标准，制定相关的工作流程和各环节操作规范等，应加强对录音录像档案数字化工作的全流程安全管理，建立完善的问题反馈机制；第五，就工作文件管理而言，应针对录音录像档案数字化全过程，建立完善的管理工作文件，以此加强对数字化工作的管理，加强对数字化工作文件的管理，明确档案数字化工作过程中形成的工作文件的整理、归档、移交等管理要求；第六，就委托外部实施而言，在项目实施过程中，档案部门应指派本单位人员参与档案数字化工作委外业务的监督、指导，建议档案部门自行配备数字化加工设备，若必须使用加工企业的设备，验收时应将设备中的存储部件或整体设备全部验收移交至档案部门。

2. 确定数字化对象与制订总体方案

制订总体方案时，应综合考虑档案的珍贵程度、开放程度、利用率、亟待抢救程度等确定录音录像档案数字化对象。档案数字化总体方案应包括工作目标、工作内容、成本核算、数字化技术方法和主要技术指标、验收依据、人员安排、责任分工、进度安排、安全管理措施等内容。

3. 档案出库

档案出库应严格按照录音录像档案库房管理规定办理档案调用手续，清点无误后才能出库。

4. 数字化前处理

数字化前处理工作主要包括两个环节：一是确定模拟信息采集范围，录音录像档案数字化时应充分考虑档案的内在联系，保证档案数字副本的完整性，原则上应将确定为数字化对象的录音录像档案信息全部采集，不宜进行挑选采集；二是档案整编，主要包括档案载体外观及档案内容检查、规范目录。

（二）主要工作环节

1. 建立数据库

存入数据库的元数据应是档案目录数据与录音录像档案数字化过程及后期数字化成果管理工作中形成的元数据，而且录音录像档案数字化前处理工作中已修改、补充的档案目录也应录入目录数据库。建立数据库之后，还应采用计算机自动校对与人工校对相结合的方式，对目录数据和元数据的质量进行检查。

2. 模拟信息采集

在对音视频进行命名时，应该遵循如下原则：一是应依据档号为音视频文件命名；二是应确保录音录像档案数字化成果管理系统中每个音视频文件命名的唯一性。一条目录对应采集后的多个音视频文件时，可按档号与采集时间顺序等的组合对音视频文件命名。应科学建立录音录像档案数字副本的存储路径，确保数据挂接的准确性。模拟信息采集完成后，应通过播放、对比采集到的音视频文件和档案原件等方式进行质量检查。存在音视频不清晰、延迟等差错，不符合音视频质量要求等，属于采集问题的，应对该档案进行重新采集。在数字化工作完成后，应对录音录像档案进行整理恢复，对于带式档案，应在数字化完成后进行倒带操作。

3. 音视频处理

音视频文件的内容应与录音录像档案原件内容保持一致，不应对声音和画面进行编辑处理。音视频文件的首尾空白无内容的部分如果时间过长，可进行适当剪切，在声音或画面开始前和结束后各保留 5 s 左右的空白。音视频文件在提供利用前，可采用压缩比更高的编码格式进行文件转换；可进行适当的降噪、振幅标准化等处理以抑制和去除噪声、爆音，可对影像画面进行去蒙尘、去划痕、校色、画面稳定等处理。处理前的音视频文件原始拷贝应进行保存。

4. 数据挂接

应借助相关软件对数据库中的目录数据、元数据与录音录像档案数字副本进行挂接，以实现目录数据、元数据与其对应录音录像档案数字副本的关联。应逐条检查挂接结果，包括目录数据、元数据与录音录像档案数字副本对应的准确性，已挂接音视频文件与实际数字化数量的一致性，音视频文件是否能正常打开等。发现错误应及时进行纠正。

5. 档案入库

应按照录音录像档案入库相关要求对档案原件进行处理和验收，并履行档案入库手续。

（三）后期处理工作

1. 数字化成果验收

就验收方式与验收指标而言，档案部门应该成立专业的数字化成果验收组对数字化成果进行验收。应采用计算机自动检验与人工检验相结合的方式对录音录像档案数字化成果进行验收检验。验收的过程应对每个音视频文件进行验收，对前部、中部、后部进行分段播放，播放时间的总和应不低于该音视频文件持续时间的 10%；应对每个批次的数字化成果进行抽检，抽检的音视频文件必须完整播放，抽检的音视频文件的个数及持续时间总和应不低于该批次的音视频文件的5%；检验合格率应为100%。

就验收内容而言，应对目录数据与元数据进行验收，主要包括数据库中各字段内容、格式等的准确程度，必填项是否填写等；应对音视频文件进行验收，主要包括数字化参数、存储路径、命名、排列顺序的准确性，数字副本的完整性，音视频的清晰度，是否出现延迟、畸变等；应对数据挂接进行验收，主要包括目录数据与音视频文件的挂接的准确性等；应对工作文件进行验收，主要包括工作文件是否齐全，填写是否完整等；应对存储载体进行验收，主要包括载体的可用性，有无病毒等。

就验收结论而言，每批录音录像档案数字化质量检验合格率达到本标准验收方式与验收指标及验收内容的要求，予以验收"通过"；验收未通过应视情况进行返工或修改后，重新进行验收。验收完成后必须经验收人员签字。验收"通过"的结论，必须经验收组长审核、签字后方有效。

2. 数据存储

就存储范围而言，验收合格的完整数据应及时进行存储，包括录音录像档案数字化副本、存储目录数据与元数据的数据库、录音录像档案数字化工作过程中产生的各种工作文件等。就存储载体及存储方式而言，存储载体的选择应考虑载体存储容量、数字化成果存储目的、保管期限、经费情况、载体市场环境、载体生产厂商提供服务的能力等方面的因素，选择可多样化。可采用在线、近线、离线相结合的存储方式，在磁盘、磁带、光盘等载体上实现多套存储，并按有关要求进行异地备份。就存储记录而言，数据存储后，应及时进行存储记录。同时，应在相应的存储载体上做好标签，并列出目录，以便查找和管理。

3. 数字化成果管理

数字化成果检验及处理包括：定期对数据内容进行检验；离线存储的载体每年至少联机检测一次；综合运用介质更新、数据迁移等有限的手段，防止因载体老化等造成的数据损毁。必须对录音录像档案数字化成果管理系统进行维护工作，确保该系统安全、持续、可靠地运行，以提高工作效率和质量，使其更好地服务于档案信息管理工作。

二、缩微胶片档案数字化

《缩微胶片数字化技术规范》（DA/T 43—2009）规定了档案的缩微胶片数字化的主要技术要求，其适用于对档案的缩微胶片进行数字化及数字化成果的管理。《缩微胶片数字化技术规范》（DA/T 43—2009）中所称的缩微胶片档案数字化，是指采用缩微胶片扫描仪等设备将缩微胶片上的影像转换为存储在磁盘、磁带、光盘等载体上并能被计算机识别的数字图像或数字文本的处理过程。

（一）前期处理

1. 确定数字化范围

《缩微胶片数字化技术规范》（DA/T 43—2009）中规定了数字化对象的确定原则：一是应确认档案的内容可以进行数字化；二是应确认缩微胶片影像质量符合该规范的检查要求；三是应选择第二代或第三代缩微胶片进行数字化。

2. 实体检查

出现下列情况，可先对缩微胶片进行处理后再数字化，以确保数字化质量。一是缩微胶片物理形态有卷曲、变形、脆裂、粘连、乳剂层脱落等情况；二是缩微胶片密度、解像力等技术指标有变化；三是缩微胶片有可见性微斑、变色、生霉等情况；四是影响缩微胶片影像可读性的情况。

3. 内容整理

在扫描缩微胶片档案之前，需对缩微胶片档案进行整理。一是检查并记录档案情况，如检查需扫描档案的完整性，有无漏拍、补拍、分幅、合幅、双幅、重复拍照等情况，并检查档案的页号顺序和页数；二是目录数据准备，包括确定档案目录的著录项目、字段长度和内容要求；三是扫描工作完成后，再次整理缩微胶片，应保持原排列顺序不变，做到齐全、准确、无遗漏。

（二）主要环节

缩微胶片档案数字化的基本环节主要包括：缩微胶片检查、缩微胶片档案整理、缩微胶片档案扫描、图像处理、图像存储、目录建库、数据挂接、数据验收、数据备份、成果管理等。

1. 扫描

从库房取用缩微胶片时应按有关规定进行温、湿度平衡调整；扫描过程中，应注意对缩微胶片的保管和保护，注意防火、防水、防光；扫描过程中，工作人员应戴洁净的棉质薄手套，轻拿缩微胶片的边缘。

应根据缩微胶片扫描设备的型号和图像质量，选择自动扫描和手动扫描。当使用的缩微胶片扫描设备具有自动扫描功能，在一盘（张）缩微胶片里影像的密度、解像力、幅面尺寸基本一致时，可选择自动扫描方式；当使用的缩微胶片扫描设备不具有自动扫描功能，或在一盘（张）缩微胶片里影像的密度、解像力、幅面尺寸不一致时，在扫描过程中需要对对比度、曝光亮度、画幅大小进行调整，应选择手动扫描方式。

字迹清晰的影像采用黑白二值模式进行扫描；字迹清晰度差或带有插图的影像，可采用灰度模式扫描。分辨率的选择以扫描后的图像清晰、完整、不影响利用效果为准。扫描分辨率应不低于 200 dpi。特殊情况下，如文字偏小、密集、清晰度较差等，可适当提高。

可用缩微胶片档案目录中的档号作为文件夹名。按照档案目录逐条核对实际扫描的页号、页数与档案整理时的页号、页数是否一致，不一致时应注明原因和处理办法。填写扫描登记表单，应记录工作种类、缩微胶片盘（张）号、胶片种类（银盐、重氮）、扫描时间、设备型号、技术参数、出现的问题、处理情况以及责任人等。

2. 图像处理

缩微胶片扫描完成后，对扫描图像进行检查、处理，一是为了获得真实、完整的数字信息，二是为了减少不必要的存储空间。处理的内容包括：补扫、纠偏、去污和拼接，即扫描后对图像完整性、清晰度、失真度等进行检查，不符合质量要求的应重新进行补扫；对偏斜的图像应进行纠偏处理，以达到视觉上基本不感觉偏斜为准；对扫描中产生的影响图像质量的黑点、黑线、黑框、黑边等进行去污处理；为保证图像内容的完整性，应对分幅图像进行拼接。

3. 图像存储

由于扫描图像在存储和网络应用中的环境条件不尽相同，为了最大限度地保持扫描图像的真实性和原始性，同时又不影响目前的网络应用，对扫描图像的存储格式应给出不同的模式。采用黑白二值模式扫描的图像文件，一般采用 TIFF 格式存储；采用灰度模式扫描的图像文件，一般采用 JPEG 格式存储；提供网上检索利用的图像文件，也可存储为 CEB、PDF 或其他格式。

4. 目录建库

缩微胶片档案数字化形成的图像数据与目录数据，经过质检合格后，要在计算机上通过编制程序或借助相关软件，实现目录数据与图像数据的挂接。要做到数据挂接无误，首先应做到目录数据规范准确，在此基础上，合理命名数字图像，并使图像文件的名称与目录数据库中的档号建立起一一对应的关联关系。建立档案目录数据库之后，应该采用人工校对或软件自动校对的方式，对目录数据的著录项目的完整性、规范性和准确性进行检查。对不符合要求的数据进行修改。

5. 数据挂接

在目录数据库建成之后，需要将目录与其相关的数字图像进行挂接，包括数据汇总、数据关联、数据挂接。数据汇总是指缩微胶片档案数字化形成的目录数据与图像数据，经过质检合格后，及时加载到数据服务器端汇总；数据关联是指每一份图像文件的名称、页数与目录数据中的档号、页数应一致，通过图像文件的名称与目录数据库中的档号建立起一一对应的关联关系；数据挂接是指在计算机上通过编制程序或借助相关软件，实现目录数据与图像数据的挂接，确保准确无误。

6. 数据验收备份与成果管理

这部分工作内容与纸质档案的数据验收、数据备份及成果管理相类似。

第三节 实物档案的数字化

为保障对实物档案进行数字化处理工作的规范性、科学性，2018年4月，国家档案局在其网站上公开了《实物档案数字化规范（征求意见稿）》。依据《实物档案数字化规范（征求意见稿）》，实物档案是指国家机构、社会组织或个人在社会活动中制作或获取的，以特定有型物品存在的具有保存价值的实物，包括奖状、奖杯、锦旗、证书、印模、产品、标本、工具设备等。其是国家档案资源的重要组成部分，在记录历史和传承文化记忆等方面具有重要作用。随着纸质档案和传统音像档案数字化率的不断提升，相关地区的数字档案馆项目开始把数字化的注意力转移到实物档案上来。所谓实物档案数字化就是采用拍摄、扫描等设备对实物档案进行数字化加工，将其转化为存储在磁带、磁盘、光盘等载体上的数字文件，并按照实物档案的内在联系，建立起目录数据与数字文件关联关系的处理过程。

【阅读拓展】青岛市档案馆开展实物档案数字化工作：各种门类重要档案全部实现数字化

2012年，青岛市档案馆9581件实物档案数字化工作全部完成，共形成约3万张照片，馆藏各种门类的重要档案全部实现数字化。青岛市档案馆自2003年建成启用全国首个数字档案馆以来，不断探索数字化的做法和经验，馆藏重要纸质档案和磁性载体档案全部数字化，得到各级领导的高度评价和社会各界的充分认可。

由于馆藏实物档案的载体形态不一，单凭实物档案的题名很难准确判断其外观和主要特征，需要花费大量时间到库房查看原件。为加快馆藏档案数字化步伐，2011年11月起，青岛市档案馆采用数码相机拍摄的方式对实物档案进行数字化，即对不同形状的实物从不同角度拍摄一张或数张数字化照片，一组照片联合反映一件实物的形态、特征，通过照片与实物档案目录数据库挂接实现实物档案的数字化，既规范管理，又方便利用，有效保护了档案原件。

《实物档案数字化规范（征求意见稿）》结合当今信息技术发展水平，规定了实物档案数字化的技术规范和管理要求，提出了普遍适用于档案行业的实物档案数字化工作的规范性要求。其涉及实物档案数字化工作的组织与管理、档案出库、数字化前处理、数据库建立、数字化采集、影像处理、数据挂接、数字化成果验收与移交、档案归还入库等全过程。该标准适用于采用拍摄、扫描等方式对实物档案数字化加工过程的管理。

《实物档案数字化规范（征求意见稿）》强调，实物档案数字化工作的规划与开展应根据档案的珍贵程度、开放程度、利用率、亟待抢救程度、数字化资金情况等因素进行，且应采用有效的管理和技术手段，确保实物档案数字化成果质量；在实物档案数字化过程中，应保存数字化项目信息、技术环境、数字化各类技术参数等方面的元数据；应加强实物档案数字化各环节的安全管理，确保档案实体和档案信息的安全；加工涉密档案时，应按照涉密档案相关保密要求开展工作等。

一、数字化的组织与管理

《实物档案数字化规范（征求意见稿）》从机构及人员、基础设施、工作方案、管理制度和数字化外包等方面对实物档案数字化的组织与管理提出了要求。

①机构及人员。应建立实物档案数字化工作组织，对数字化工作进行统筹规划、组织实施、协调管理、安全保障、技术保障、监督检查、成果验收等，确保数字化工作的顺利开展；应配备具有相应能力的工作人员；应通过科学规范的管理制度，对工作人员进行规范化管理；为强化数字化工作的安全性，应加强对外聘工作人员的审核。

②基础设施。应配备专用加工场地，并进行合理布局，形成档案存放、数字化前处理、档案著录、数字化采集、影像处理、质量检查等工作区域。加工场地的选择及温湿度等环境的控制应有利于档案实体的保护。场地内应配备防火、防水、防有害生物、防盗报警、视频监控等设施设备。应合理规划、配备和管理实物档案数字化设施设备。

③工作方案。实物档案数字化工作方案应包括数字化对象、工作目标、工作内容、成本核算、数字化技术方法和主要技术指标、验收依据、人员安排、责任分工、进度安排、安全管理措施等内容；应对实物档案数字化工作方案进行专家论证，确保其科学、规范、合理；实物档案数字化工作方案应经审批后严格执行，工作方案审批结果应与数字化工作过程中形成的其他文件一并保存。

④管理制度。实物档案数字化管理制度应包含岗位管理、人员管理、场地管理、设备管理、数据管理、档案实体管理等方面的制度。岗位管理制度主要规定数字化工作各岗位的工作目标和职责；人员管理制度主要对人员的安全责任、日常行为、外聘人员信息审核及管理、非工作人员来访登记等进行规范；场地管理制度主要对人员出入和工作场地内基础设施、环境、网络、监控设施、现场物品、证件等的管理进行规范；设备管理制度主要对数字化工作各环节涉及的全部设备的管理进行规范；数据管理制度主要对数字化各环节所产生的数据的管理进行规范；档案实体管理制度主要对档案实体在数字化过程中的交接、管理、存放等工作进行规范。

⑤数字化外包。相关工作应符合《档案服务外包工作规范》（DA/T 68—2017）的相关要求；档案部门应从企业性质、股东组成、安全保密、企业规模、注册资金情况等方面严格审查数字化加工企业的相关资质；按照《文献档案资料数字化工作导则》（GB/T 20530—2006）第 5 章的要求评估数字化加工企业的技术能力；从规章制度的建立健全程度等方面考察加工企业的管理能力。如需审查数字化加工企业的保密资质，应按照《国家秘密载体印制资制管理办法》

等文件的要求执行；档案部门应指派专门人员参与实物档案数字化外包业务的监督、指导，完成质量监控、进度监控、投资监控、安全监控和协调沟通等方面的工作。

二、数字化的基本环节

根据《实物档案数字化规范（征求意见稿）》，实物档案数字化的主要环节除档案出库和归还入库外，可归纳为数字化前处理、目录数据库建立、数字化采集、影像处理、数据挂接、数字化成果验收与移交等（见图2-1）。

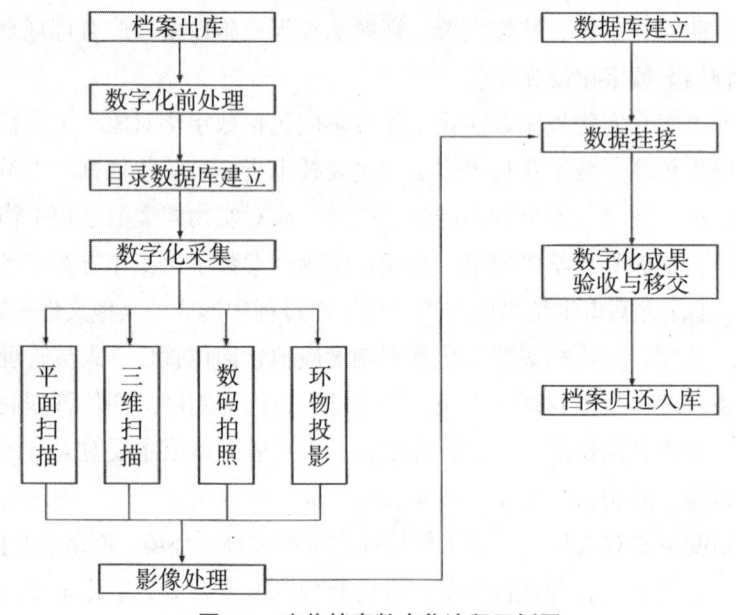

图2-1　实物档案数字化流程示例图

（一）数字化前处理

1. 确定实物档案数字化对象

原则上应对确定为数字化对象的实物档案完整数字化，不应遗漏特征点，确有不需要采集的特征点应加以标注。

2. 档案检查

对实物档案进行外观检查，对损坏严重或有其他情况不利于数字化加工的，应进行适度的清洗等技术处理；检查实物档案的质量，对存在的问题进行记录；记录实物档案编号、材质、外形等信息；对需在目录数据库中进行标记的情况进行标记。

3. 目录数据准备

按照目录数据库建立时制定的数据规则，对照实物档案有关信息，规范档案中的目录内容；对需在目录数据库中进行标记的情况进行标记。

（二）目录数据库建立

目录数据库建立的具体要求如下。

①应制定目录数据库数据规则，包括数据字段长度、字段类型、字段内容要求等。

②目录数据库选择时，应考虑通用数据格式转换问题，以便数据交换。

③数据库结构的设计应特别注意保持档案的内在联系，以利于数字化成果的管理和利用。

④将实物档案数字化前处理工作中对实物档案目录进行修改、补充的结果录入数据库。

⑤可采用计算机自动校对与人工校对相结合的方式，对目录数据的质量进行检查。

（三）数字化采集

应根据档案原件实际情况、数字化目的、数字化规模、计算机网络和存储条件等选择相应的信息采集设备，从而进行相关参数的设置和调整；应特别注意对档案实体的保护，采集过程中不得对档案实体进行破坏；在采集前，应对相应的采集设备和场所进行清洁、检查和调整，以确保实物档案数字化成果质量等。

1. 平面扫描

平面扫描适用于二维静态图像形式展示的实物档案，如奖状、证书、印模等；超出所使用扫描仪扫描尺寸的档案可采用更大幅面的扫描仪进行扫描，也可以采用小幅面扫描仪分幅扫描后进行图像拼接的方式处理；对于极其珍贵且尺寸不规则的档案，为方便直观显示原件大小，可采用标板、标尺等方式标识原件大小等信息，宜全部采用彩色模式进行扫描。

2. 三维扫描

三维扫描适用于三维立体影像形式展示的实物档案，如奖杯、产品、标本、工具设备等。

3. 数码拍照

数码相机要采用彩色拍摄方式，拍摄精度不低于 1600 万像素。拍摄时，一是选择中焦距以上镜头拍照并尽量保持水平，避免图像变形；二是要将照相机设置成无时间显示格式的画面；三是注意布光均匀；四是将拍摄主题充满影像画面；五是对具有规则形状的实物档案，分别从正视、侧视、俯视等多角度进行拍摄。实物档案数字图像长期保存格式为 TIFF、JPEG 或 JPEG2000 等，图像压缩率的选择可根据实际应用的需求而定。实物档案数字图像利用时，也可从网络浏览速度、易操作性、存储空间占用等方面进行综合考虑，将图像转换为 OFD、PDF 等其他格式。同一种拍摄方式应采用相同的存储格式。

4. 环物摄影

环物摄影适用于以三维全景影像形式展示的实物档案，如生产工具、设施设备等大型实物档案。对实物档案进行环物摄影时，应注意镜头与被摄实物档案表面保持正射，摄影人员根据需要使用数码单反相机、摄影机、鱼眼镜头、三脚架、航拍无人机等专业设备对实物档案进行 360°全景拍摄，实物档案的特征点不应遗漏；拍摄时应选择合适的曝光模式，保证每张照片的曝光参数相同、色调统一；焦距一经设定，直至照片全部拍完方可修改，且应保持每 30°一个拍摄角度进行拍摄。

（四）影像处理

1. 旋转及纠偏

对不符合阅读方向的影像应进行旋转还原。对出现偏斜的影像应进行纠偏处理，以达到视觉上基本不感觉偏斜为准。

2. 去污

应对数字影像进行去污处理，以去除在数字化过程中产生的污点、污线、黑边等影响影像质量的杂质。应遵循展现档案原貌的原则，处理过程中不得去除实物档案保管过程中所形成的痕迹。

3. 影像拼接

对分幅扫描形成的多幅影像，应进行拼接处理，将其合并为一个完整的影像，以保证档案数字化影像的整体性。拼接时应确保拼接处平滑地融合，拼接后整幅影像无明显拼接痕迹。

4. 裁剪处理

应对数字影像进行裁剪处理，去除多余的部分，以有效缩小影像文件的容量，节省存储空间。

5. 降噪

降噪即去除三维扫描点云中由于外界因素（如光线、震动等）以及三维扫描仪本身的因素造成的无效点。

6. 数据平滑

为了得到平滑模型及提高轮廓识别度，应对三维扫描结果进行平滑处理，提高数据的平滑度，以更加接近于实物档案的几何特征。

7. 影像质量检查

影像质量检查即由数字化处理人员对数字文件的质量情况，如影像偏斜度、清晰度、失真度等进行检查。对不符合质量要求、数字化成果不完整或不清晰的应重新数字化；数字文件整理顺序与实物档案不一致的，应及时进行调整。

（五）数据挂接

应借助相关软件将数据库中的目录数据与其对应的实物档案数字影像进行挂接，以实现目录数据与数字影像的关联。要逐条对挂接结果进行检查，包括目录数据与实物档案数字影像对应的准确性、已挂接数字影像与实际扫描数量的一致性、数字影像是否能正常打开等，发现错误时及时进行纠正。

（六）数字化成果验收与移交

1. 验收方式

建议档案部门成立专门的验收组对实物档案数字化成果进行验收。应采用计算机自动检验与人工检验相结合的方式对实物档案数字化成果进行验收。

2. 验收内容

实物档案数字化成果包括档案目录数据、元数据、数字影像、数据挂接、数字化工作中产生的工作文件、存储载体等。其中，应对目录数据进行验收，验收项主要包括数据库中各条目的内容、格式等的准确程度，必填项是否填写等。应对元数据进行验收，验收项主要包括元数据元素的完整性和赋值规范性等。应对数字影像进行验收，验收项主要包括数字化参数、存储路径、命名的准确性，影像的完整性，排列顺序的准确性，影像质量等。应对数据挂接进行

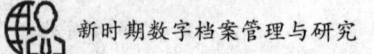

验收，验收项主要包括目录数据与其对应的数字影像的挂接的准确性等。

3. 验收结果

应进行 100% 检验，检验合格率应为 100%。验收未通过应视情况进行返工或修改后重新进行验收。验收完成后必须经验收组成员签字。验收"通过"的结论，必须经相关负责人审核、签字后方有效。验收合格的数据应按照实物档案数字化工作方案及时移交，并履行交接手续。

第三章 增量档案资源的电子化

第一节 电子文件的归档与整理

伴随着新一代信息技术的广泛应用，档案工作环境、对象、内容发生了巨大变化，这迫切要求我们创新档案工作理念、方法、模式，加快全面数字转型和智能升级。2021年6月，中共中央办公厅、国务院办公厅印发《"十四五"全国档案事业发展规划》，强调要加强《党政机关电子公文归档规范》（GB/T 39362—2020）、《电子文件归档与电子档案管理规范》（GB/T 18894—2016）、《建设项目档案管理规范》（DA/T 28—2018）等标准的解读和宣传贯彻工作。2021年6月1日出台的《党政机关电子公文归档规范》（GB/T 39362—2020）对党政机关电子公文归档的总则、归档流程、归档元数据、归档数据组织和归档格式等要求进行了规定。根据信息技术的发展，《党政机关电子公文归档规范》（GB/T 39362—2020）对元数据、数字对象、内容数据、信息包等电子公文的概念进行了修订，电子文件收集的方式在人工录入的基础上增加了自动捕获的方式。

电子时代不仅丰富了新型信息载体的形式，创建出许多诸如多媒体等新的信息编码形式，而且借助计算机网络通信建设大大拓展了生成、传输、处理信息的手段，也使越来越多的机构活动记录产生于电子环境之中，孕育出文件家族充满活力的新成员——电子文件。国家档案局曾组织的一项调查显示，中央和国家机关、中央企业已有近80%的单位采用了办公自动化或电子政务系统，一共已产生各种类型的电子文件近两亿件，成为各项工作真实记录的重要组成部分。档案是文件的归宿，电子文件和电子档案联系非常紧密，信息化条件下，文档一体化已经成为普遍共识，电子文件归档工作做得如何将直接影响电子档案的真实性、完整性、长期可读性，最终影响电子档案向数字档案馆（室）的移交质量。

一、电子文件的归档

（一）电子文件的种类

电子文件的种类有不同的划分标准，如果按照信息存在形式进行分类，可以分成以下几类。

1. 文本文件（Text）

文本文件或称为字（表）处理文件，是指使用文字处理软件生成的，由字、词、数字或符号表达的文件。

2. 数据文件（Data）

数据文件亦称为数据库电子文件，是指在事务处理系统中单独承担文件职责，或者作为文件的重要组成部分出现的数据库对象，或者以数据库形式存在的具有文件属性的记录。

3. 图形文件（Graphic）

图形文件是指根据一定算法绘制的图表、曲线图，包括几何图形和把物理量如应力、强度等用图标表示的图形等生成的文件。

4. 图像文件（Image）

图像文件是指使用数字设备采集或制作的画面，如用扫描仪扫描的各种原件画面，用数码相机拍摄的照片等生成的文件。

5. 影像文件（Video）

影像文件是指使用视频捕获设备录入的数字影像或使用动画软件生成的二维、三维动画等各种动态画面生成的文件。

6. 声音文件（Audio）

声音文件是指用音频设备录入或用编曲软件生成的文件。

7. 命令文件（Command）

命令文件亦称计算机程序，是指为处理各种事务用计算机语言编写的程序，是一种计算机软件。

如果按照功能分类，可以将电子文件分为主文件、支持性文件、辅助性文件、工具性文件。其中，主文件是指表达作者意图、行使职能的文件；支持性文件主要指生成和运行文件的软件；辅助性、工具性文件主要指在制作、查找主文件过程中起辅助作用的文件。主文件、支持性文件、辅助性文件、工具性文件是相互作用、相辅相成的。没有主文件，支持性、辅助性、工具性文件就不能独立地行使文件的职能，没有支持性、辅助性、工具性文件，主文件可能无法正常运行和查找。

（二）电子文件归档的战略意义

随着档案信息化的不断发展，电子文件归档工作的重要性不言而喻。如果说传统档案数字化属于"存量数字化"的范畴，其工作成果是形成了"再造性"数字档案资源，而电子文件归档则是"增量电子化"的起点，其归档后的电子档案则属于"原生性"数字档案资源。无论存量还是增量均反映或涵盖了数字档案资源建设的对象和路径，它们也因此成为我国实施数字档案资源建设的重要战略和发展特色。但两类工作在实施时，还是存在一定的差异的。

1. 档案存储形式不同

存量主要是对纸质文件进行数字化加工形成的扫描件，增量是计算机系统直接形成的电子文件。

2. 增量档案处理的技术要比存量档案复杂

档案数字化工作已经走过了很长时间，技术成熟、经验丰富。对增量档案进行真实性、可靠性、完整性、可用性的"四性"保证和检验，就需要使用许多技术手段，经过很多操作环节。

3. 存量档案全文检索的前处理比增量复杂

增量的电子文件只需直接设定或转换为可供全文检索的格式，而纸质档案数字化的扫描件则要通过全文识别转换为全文数据才能提供全文检索，需要安装专门的 OCR 识别系统。

总的来说，"增量电子化"的技术性强，"存量数字化"的工作量大。如果一定要说出两项工作的"权重"的话，增量工作更"合算"，其具体原因如下：

①电子文件每天都在海量产生。如果不管电子文件，它有可能流失，至少会造成电子文件积压，从而造成电子文件归档工作的积累。

②存量与增量的归档范围和保管期限是一样的。解决增量就意味着等待扫描的存量的减少。增量不"消灭"，将永远跟在后面扫描。增量的量毕竟比存量少。如果长期拖延增量的处理，"增量电子化"就会成为档案信息化的短板，拖档案信息化发展的后腿。

③从档案利用看，增量用得多，存量相对用得少。急用先抓，效果立现。这不但有效率，而且有利于宣传档案信息化的意义。因此，针对当前实际，应

当采取"消灭增量、消化存量"的战略方针，即先管好增量，再由近及远回溯开展存量档案的数字化工作。

（三）电子文件归档遵循的相关标准规范

2002年12月4日，国家质量监督检验检疫总局发布了《电子文件归档与管理规范》（GB/T 18894—2002），并于2003年5月1日实施。该标准是我国第一部规范电子文件管理的国家标准，其明确界定了电子文件、元数据、迁移等关键性术语的概念，规定了在公务活动中产生的具有保存价值的电子文件的形成、积累、归档、保管、利用、统计的一般方法以及电子文件的存储载体和存储格式，对规范我国电子文件的归档管理发挥了重要作用。其后各省档案管理部门陆续出台了切合本地情况的电子文件管理规范，如为规范省直单位电子公文归档与电子档案管理，根据浙江省委办公厅、省政府办公厅《关于切实加强电子文件管理的实施意见（暂行）》（浙委办〔2011〕26号），浙江省档案局于2014年出台《浙江省省直单位电子公文归档与电子档案管理暂行办法》。2019年9月，浙江省档案局又出台了《浙江省党政机关电子公文归档与电子档案管理暂行办法》，进一步规范了省党政机关电子公文归档与电子档案管理工作。

随着我国各项电子业务的迅速发展，电子文件的类型、格式及生成环境发生了很大变化，《电子文件归档与管理规范》（GB/T 18894—2002）已经不能满足电子文件归档与电子档案管理的现实需要。2016年8月29日，国家质量监督检验检疫总局与国家标准化管理委员会联合发布了新的国家标准《电子文件归档与电子档案管理规范》（GB/T 18894—2016），于2017年3月1日起开始实施。同时，2021年6月1日出台《党政机关电子公文归档规范》（GB/T 39362—2020），其对我国现阶段电子文件归档及电子档案管理具有较强的指导作用。此外，为了规范电子文件和电子档案管理中的术语概念，国家档案局于2014年发布了行业标准《电子档案管理基本术语》（DA/T 58—2014）。

（四）电子文件归档的基本要求

按照《党政机关电子公文归档规范》（GB/T 39362—2020）总则的相关规定，可以归纳出电子文件归档的基本要求如下。

①开展电子公文归档工作应遵循保留形成原貌、保持有机联系、保证长期可用的原则。

②电子公文归档过程中发生责权交接、数据格式转变等重大变化时应形成并留存其变化记录。

③电子公文归档时应要求归档信息包中不包含非开放的压缩、加密、签名、印章、时间戳等技术措施，以减少技术依赖性。

④电子公文收集、整理、移交工作应由电子公文形成或办理部门完成，档案部门负责档案接收并对整个归档过程予以必要的业务指导。

⑤电子公文拟制或办理时应确定是否需要归档，归档工作宜采用随办随归方式，向档案部门移交时间最迟不超过电子公文整理完成后的次年6月。

⑥党政机关依据《机关文件材料归档范围和文书档案保管期限规定》的要求制定电子公文归档范围和保管期限表。

⑦应设计电子公文归档系统满足电子公文归档过程的管理要求。应设计电子公文系统、电子档案管理系统的归档接口，实现系统对接。

【阅读拓展】电子文件与电子档案的比较

电子文件和电子档案这两个概念的区别和关系，可以参照《电子档案管理基本术语》（DA/T 58—2014）的相关规定。

电子文件是指国家机构、社会组织或个人在履行其法定职责或处理事务过程中，通过计算机等电子设备形成、办理、传输和存储的各种形式的信息记录。

电子档案是指具有参考和利用价值并归档保存的电子文件。电子档案由内容、结构和背景组成。

电子文件管理系统是指用于生成、使用和维护电子文件的计算机信息系统。电子文件管理系统是业务系统的一个子系统，更注重业务流程、版本控制等，用于提高工作效率。

电子档案管理系统是指对电子档案进行捕获、维护、利用和处置的计算机信息系统。电子档案管理系统更注重对电子档案的管理。系统要维护元数据及电子档案之间的联系，以支持电子档案作为证据的价值。

数字档案馆在数字环境中履行纸质环境下传统档案馆的职责。其目的在于创建、管理、长期保存和利用数字档案。数字档案资源包括电子档案、数字化档案、各职能部门的行业及专业档案数据库、互联网中具有档案价值的数字信息等。

对于电子文件这一概念，我们可以从两个角度去理解：一是大电子文件概念，即涵盖整个电子文件生命周期，从电子文件形成、办理到归档、移交再到最后长期保存和利用；二是小电子文件概念，即在形成和办理阶段称为电子文件，在归档以后就叫电子档案，档案室阶段和移交档案馆长期保存处理阶段都称为电子档案。

随着《电子档案管理基本术语》（DA/T 58—2014）、《电子文件归档和电子档案管理规范》（GB/T 18894—2016）和《电子档案移交与接收办法》等的实施，电子档案概念日益受到关注和重视。强调电子档案这个概念，主要考虑两方面的因素：一是把电子文件和电子档案这两个概念区分开来，更有利于明确档案部门的职责，从而防止职责不清、分工不明确造成的电子文件或电子档案管理混乱现象；二是强调电子档案这个概念，更有利于在电子环境下，做好档案管理工作。如果我们将具有凭证、查考和保存价值且办理完毕，经系统整理的电子文件及其元数据管理权限向档案部门提交，这个过程就是归档。从定义中可以看出，电子档案是由电子文件经过归档环节转化而来的，其相关要求和基本属性与纸质档案等传统载体档案没有根本区别，只不过具有电子属性。因此，电子档案的管理一方面要遵从电子环境下相关管理的规律和要求；另一方面要遵从档案管理的一般规律和基本要求。需要注意的是，有两类数据在过去被误认为是电子文件：一是传统载体文件的数字化副本，二是用于纸质文件起草工作的电子版。

（五）业务系统的档案化要求

《党政机关电子公文归档规范》（GB/T 39362—2020）专门对业务系统提出了归档管理的功能要求。①要求覆盖电子公文归档过程收集、整理、移交、接收四个环节。②设立独立的预归档库（逻辑库或物理库），并可设定电子公文归档范围、分类方案和保管期限表，用于拟归档文件的归类和聚合。③支持内置式（作为功能模块嵌入）、独立式（作为独立系统）等不同的方式实现与电子公文系统、档案管理系统的对接，宜将归档系统作为电子公文系统的一个内置功能模块。④不存在已知的安全漏洞，有严格的身份认证和权限控制手段，支持三权分立的权限控制模型，可对已收集、积累的拟归档电子公文的所有操作进行跟踪、审计。⑤支持在安全可靠操作系统、数据库、中间件环境下的部署和应用。支持各种主流的国产操作系统、数据库和中间件。⑥支持在安全可靠CPU的服务器和终端上部署和应用。

二、电子文件的归档制度

为了使电子文件归档工作能够顺利地开展，应科学地制定好电子文件归档制度，其由归档范围、归档程序与要求、归档时间与方式、归档格式等构成。

（一）归档范围

根据《党政机关电子公文归档规范》（GB/T 39362—2020）中的规定：党

政机关依据《机关文件材料归档范围和文书档案保管期限规定》的要求制定电子公文归档范围和保管期限表。根据《电子文件归档与电子档案管理规范》(GB/T 18894—2016)中的规定，电子文件归档范围主要如下。

①反映单位职能活动，具有查考和保存价值的各门类电子文件及其元数据应收集、归档。

②文书类电子文件归档范围按照《机关文件材料归档范围和文书档案保管期限规定》《企业文件材料归档范围和档案保管期限规定》等执行。

③照片、录音、录像等声像类电子文件归档范围参照《照片档案管理规范》(GB/T 11821—2002)执行。

④科技类电子文件的归档范围按照《科学技术档案案卷构成的一般要求》(GB/T 11822—2008)、《建设项目档案管理规范》(DA/T 28—2018)等标准执行。

⑤各种专业类电子文件归档范围按照国家相关规定执行。

⑥邮件类电子文件的归档范围按照《公务电子邮件归档与管理规则》(DA/T 32—2005)等标准执行。

⑦网页、社交媒体类电子文件归档范围可参照《机关文件材料归档范围和文书档案保管期限规定》执行。

此外，由于电子文件的特殊性，电子文件元数据归档范围的相关要求如下。

①应归档电子文件元数据应与电子文件一并收集、归档。

②文书类电子文件应归档元数据按照《文书类电子文件元数据方案》(DA/T 46—2009)等标准执行，至少包括：题名、文件编号、责任者、日期、机构或问题、保管期限、密级、格式信息、计算机文件名、计算机文件大小、文档创建程序等文件实体元数据；记录有关电子文件拟制、办理活动的业务行为、行为时间和机构人员名称等元数据，应记录的拟制、办理活动包括发文的起草、审核、签发、复核、登记、用印、核发等，收文的签收、登记、初审、承办、传阅、催办、答复等。

③科技、专业、邮件、网页、社交媒体类电子文件应归档元数据可参照《党政机关电子公文归档规范》(GB/T 39362—2020)中的规定：按《文书类电子文件元数据方案》(DA/T 46—2009)给出的要求执行。

④声像类电子文件应归档元数据包括题名、摄影者、录音者、摄像者、人物、地点、业务活动描述、密级、计算机文件名等。

（二）归档程序与要求

根据《电子文件归档与电子档案管理规范》（GB/T 18894—2016）中的规定，电子文件归档程序与要求体现在以下几方面。

①电子文件形成或办理部门、档案部门可在归档过程中基于业务系统、电子档案管理系统完成电子文件及其元数据的清点、鉴定、登记，填写电子文件归档登记表等主要归档程序。

②应清点、核实电子文件的门类、形成年度、保管期限、件数及其元数据数量等。

③应对电子文件的真实性、可靠性、完整性和可用性进行鉴定，鉴定合格率应达到100%，包括：电子文件及其元数据的形成、收集和归档符合制度要求；电子文件及其元数据能一一对应，数量准确且齐全、完整；电子文件与元数据格式符合电子文件及其元数据归档格式给出的相关要求；以专有格式归档的，其专用软件、技术资料等齐全、完整；加密电子文件已解密；电子文件及其元数据经安全网络或专用离线存储介质传输、移交；电子文件无病毒，电子文件离线存储介质无病毒、无损伤、可正常使用。

④档案部门应将清点、鉴定合格的电子文件及其元数据导入电子档案管理系统预归档库，自动采集电子文件结构元数据，通过计算机文件名建立电子文件与元数据的关联，在管理元数据中记录登记行为，登记归档电子文件。

⑤应依据清点、鉴定结果，按批次或归档年度填写电子文件归档登记表，完成电子文件的归档。

（三）归档时间与方式

根据《电子文件归档与电子档案管理规范》（GB/T 18894—2016）中的规定，电子文件归档程序与要求体现在以下几方面。

①电子文件形成或办理部门应定期将已收集、积累并经过整理的电子文件及其元数据向档案部门提交归档，归档时间最迟不能超过电子文件形成后的第二年6月。

②应基于安全的网络环境或专用离线存储介质，采用在线归档或离线归档方式，通过电子档案管理系统客户端或归档接口完成电子文件及其元数据的归档。其中，在线归档是指在不脱离计算机运行环境的情况下，利用互联网络，将电子文件的管理权限由形成部门向档案部门移交的过程。离线归档则是将电子文件拷贝至移动硬盘，由形成部门向档案部门送达移动硬盘的过程。

③应结合业务系统、电子档案管理系统运行网络环境以及本单位实际，确定电子文件及其元数据归档接口并做出书面说明。归档接口通常包括但不限于以下三种：Web Service 归档接口、中间数据库归档接口和归档电子文件及其元数据的规范存储结构。其中，Web Service 是一个平台独立的、低耦合的、自包含的以及基于可编程的 Web 的应用程序，可使用开放的 XML（标准通用标记语言下的一个子集）标准来描述、发布、发现、协调和配置这些应用程序，一般用于开发分布式的互操作的应用程序；中间数据库归档接口就是在各个业务系统间，建立一个独立的数据库，保证系统间的数据交互。

（四）归档格式

根据《电子文件归档与电子档案管理规范》(GB/T 18894—2016)中的规定，电子文件归档格式要求体现在以下几方面。

①电子文件归档格式应具备格式开放、不绑定软硬件、显示一致性、可转换、易于利用等性能，能够支持同级国家综合档案馆长期保存格式转换。

②电子文件应以通用格式形成、收集并归档，或在归档前转换为通用格式。版式文件格式应按照《版式电子文件长期保存格式需求》(DA/T 47—2009)执行，可采用 PDF、PDF/A 格式。

③以文本、位图文件形成的文书、科技、专业类电子文件应按以下要求归档：电子公文正本、定稿、公文处理单应以版式文件格式归档，其他电子文件、电子文件组件可以版式文件、RTF、WPS、DOCX、JPG、TIF、PNG 等通用格式归档；电子文件及其组件按顺序合并转换为一个版式文件。

④在计算机辅助设计与制造过程中形成的科技类电子文件应按以下要求归档：二维矢量文件以 SVG、SWF、WMF、EMF、EPS、DXF 等格式归档；三维矢量文件，需永久保存的应转换为 STEP 格式归档，其他可根据需要按第一点给出的要求转为二维矢量文件归档。

⑤以数据库文件形成的科技、专业类电子文件，应根据数据库表结构及电子档案管理要求转换为以下格式归档：以 ET、XLS、DBF、XML 等任一格式归档，或者参照纸质表单或电子表单版面格式，将应归档数据库数据转换为版式文件归档。

⑥照片类电子文件以 JPG、TIF 等格式归档；录音类电子文件以 WAV、MP3 等格式归档；录像类电子文件以 MPG、MP4、FLV、AVI 等格式归档，珍贵且需永久保存的可收集、归档一套 MXF 格式文件。

⑦公务电子邮件以 EMI 格式归档，网页、社交媒体类电子文件以 HTML 等格式归档。

⑧专用软件生成的电子文件原则上应转换成通用格式归档。

此外，《电子文件归档与电子档案管理规范》（GB/T 18894—2016）也对电子文件元数据归档格式做出了要求。

①应根据电子文件归档接口以及元数据形成情况确定电子文件元数据归档格式。

②经业务系统形成的各门类电子文件元数据应根据归档接口确定归档格式：选择 Web Service 归档接口或归档电子文件及其元数据的规范存储结构时，可以 ET、XLS、DBF、XML 等任一格式归档；选择中间数据库归档接口时，可与电子文件一并由业务系统数据库推送至中间数据库，也可再由中间数据库导出数据库数据文件。

③声像类电子文件元数据、在单台计算机中经办公、绘图等应用软件形成的电子文件，可以 ET、XLS、DBF 等格式归档。

二、电子文件的收集与整理

（一）电子文件及其元数据的收集

根据《电子文件归档与电子档案管理规范》（GB/T 18894—2016）的规定，电子文件及其元数据的收集要求体现在以下几方面。

①应在业务系统电子文件拟制、办理过程中完成电子文件的收集，声像类电子文件及在单台计算机中经办公、绘图等应用软件形成的电子文件的收集由电子文件形成部门基于电子档案管理系统或手工完成。

②应齐全、完整地收集电子文件及其组件，电子文件内容信息与其形成时保持一致，包括但不限于以下要求：同一业务活动形成的电子文件应齐全、完整；电子公文的正本、正文与附件、定稿或修改稿、公文处理单等应齐全、完整，电子公文格式要素符合《党政机关公文格式》（GB/T 9704—2012）的有关要求；在计算机辅助设计和制造过程中形成的产品模型图、装配图、工程图、物料清单、工艺卡片、设计与工艺变更通知等电子文件及其组件应齐全、完整；声像类电子文件应能客观、完整地反映业务活动的主要内容、人物和场景等；邮件、网页、社交媒体类电子文件的文字信息、图像、动画、音视频文件等应齐全、完整，网页版面格式保持不变。需收集、归档完整的网站系统时，应同时收集网站设计文件、维护手册等；以专有格式存储的电子文件不能转换为通用格式时，应同时收集专用软件、技术资料、操作手册等。

③以公务电子邮件附件形式传输、交换的电子文件，应下载并收集、归入业务系统或存储文件夹中。

④应由业务系统按照上述电子文件元数据归档范围中给出的要求，在电子文件拟制、办理过程中采集文书、科技、专业等类电子文件元数据。

⑤可使用 WPS 表格或电子档案管理系统按照电子文件元数据归档范围给出的要求著录、采集在单台计算机中经办公、绘图等应用软件形成的各门类电子文件元数据，以及声像类电子文件元数据。

（二）归档前电子文件的整理

根据《电子文件归档与电子档案管理规范》（GB/T 18894—2016）中的规定，归档前电子文件的整理要求体现在以下几方面。

①应在电子文件拟制、办理或收集过程中完成保管期限鉴定、分类、排序、命名、存储等整理活动，并同步完成会议记录、涉密文件等纸质文件的整理。

②应以件为管理单位整理电子文件，也可根据实际以卷为管理单位进行整理。整理活动应保持电子文件内在的有机联系，建立电子文件与元数据的关联。

③应基于业务系统完成电子文件、纸质文件的整理，声像类电子文件的整理由电子文件形成部门基于电子档案管理系统或手工完成。

④应归档电子文件保管期限分为永久、定期 30 年和定期 10 年等。

⑤电子文件分类按照电子档案分类方案执行，可执行的标准或分类方案有：文书类电子文件的分类整理按照《归档文件整理规则》（DA/T 22—2015）执行；科技类电子文件应按照《科学技术档案案卷构成的一般要求》（GB/T 11822—2008）、《建设项目档案管理规范》（DA/T 28—2018）、《企业文件材料归档范围和档案保管期限规定》等进行分类；专业、邮件、网页、社交媒体等类电子文件可参照《归档文件整理规则》（DA/T 22—2015）等要求进行分类。有其他专门规定的，从其规定；声像类电子文件应按照年度—保管期限—业务活动，或保管期限—年度—业务活动等分类方案进行分类。

⑥应在整理过程中基于业务系统电子文件元数据库建立纸质文件目录数据，涉密纸质文件目录数据的录入应符合国家保密管理要求。

⑦应在分类方案下按照业务活动、形成时间等关键字，对电子文件元数据、纸质文件目录数据进行同步排序，排序结果应能保持电子文件、纸质文件之间的有机联系。

⑧应按规则命名电子文件，命名规则应能保持电子文件及其组件的内在有机联系与排列顺序，能通过计算机文件名元数据建立电子文件与相应元数据的关联。

⑨可参照分类方案在计算机存储器中建立文件夹集中存储电子文件及其组件，完成整理活动。

第二节　电子档案的管理

一、电子档案管理系统基本功能

电子档案的管理是建立在相应的电子档案管理系统基础上的。2021年3月9日，国家市场监督管理总局、国家标准化管理委员会联合发布了《电子档案管理系统通用功能要求》（GB/T 39784—2021），该标准将于2021年10月1日起实施。该标准规定了电子档案管理系统功能的总体要求，以及电子档案的接收、整理、保存、利用、鉴定、统计、审计跟踪和系统管理等关键业务环节和系统管理的通用性功能要求。

（一）应具备电子档案管理配置功能

此项功能包括分类方案管理、档号规则管理、保管期限表管理、元数据方案管理、门类定义等功能。

（二）应具备电子档案管理功能

此项功能包括电子档案及其元数据的采集、登记、分类、编目、命名、存储、利用、统计、鉴定、销毁、移交、备份、报表管理等功能。

（三）应具备电子档案安全管理功能

此项功能包括身份认证、权限管理、跟踪审计、生成固化信息等功能。

（四）应具备系统管理功能

此项功能包括系统参数管理、系统用户和资源管理、系统功能配置、操作权限分配、事件报告等功能。

（五）应具备各门类纸质档案管理功能

此项功能包括对电子档案和纸质档案同步编目、排序、编制档号等功能。

除以上几项功能外，电子档案管理系统还应具备纸质档案数字化以及纸质档案数字副本管理功能。

二、电子档案的编目

（一）基本要求

根据《电子文件归档与电子档案管理规范》（GB/T 18894—2016）的相关规定，电子档案编目的基本要求如下。

①应对电子档案与纸质档案进行同步整理审核、编制档号等编目活动。

②应对整理阶段划定的电子档案保管期限与分类结果进行审核和确认，对不合理或不准确的应进行修正。

③应在整理审核基础上，对电子档案、纸质档案重新排序，并依据排序结果编制文件级档号。

④应采用文件级档号或唯一标识符作为要素为电子档案及其组件重命名，同时更新相应的计算机文件名元数据。

⑤应对电子档案、纸质档案做进一步著录，规范、客观、准确地描述主题内容与形式特征。

⑥完成整理编目后，应将电子档案及其元数据、纸质档案目录数据归入电子档案管理系统正式库。

（二）档号编制要求

①应按照《档号编制规则》（DA/T 13—1994）电子档案全程管理要求确定档号编制规则。

②应采用同级国家综合档案馆档号编制规则为室藏电子档案、纸质档案编制档号。

③档号应能唯一标识全宗内任一电子档案或纸质档案。

④以档号作为电子档案命名要素时，计算机文件名应能在计算机存储器中唯一标识、有序存储全宗内任意一件电子档案及其组件。

（三）编目著录要求

①应以档号为基础支持各门类电子档案题名、责任者、文件编号、时间、保管期限等元数据的著录，自动编制电子档案案卷级、文件级电子目录。

②应能根据电子档案著录的不同要求提供必要的著录窗口，为著录者提供下拉菜单、携带录入以及日历、时间轴等自动化著录工具，提升著录方式的自动化程度。

③应能自动核验著录信息的完整性、规范性和有效性，并提示修改、校正，应支持在权限许可范围内的元数据或目录数据的增加、修改、删除等。

三、电子档案的处置

（一）鉴定与审查

①应定期对电子档案进行销毁鉴定和解密审查，鉴定、审查程序应符合国家有关规定。

②档案部门应根据本单位档案保管期限表进行电子档案销毁鉴定，提出被鉴定对象的续存或销毁意见，必要时可协商相关职能部门。销毁鉴定意见经上级领导或主管部门审核、批准后方可实施。

③电子档案的解密审查应由档案部门、保密部门共同实施，必要时可协商相关职能部门。解密审查意见经上级领导或主管部门审核、批准后方可实施。

④应根据电子档案所标密级并结合国家有关政策、要求，定期对涉密电子档案进行密级审查，实施解密、延长保密期限或提升密级等处置活动。

⑤到期电子档案移交进馆前，应进行解密审查。

（二）鉴定处置

①应支持各种类型的档案鉴定任务，包括档案密级或保管期限变更，档案续存、销毁、移交等，应支持档案管理人员依据书面鉴定报告，通过直接修改密级、保管期限等著录手段，执行销毁、移交功能，完成档案鉴定处置任务。

②根据实际需求，具备鉴定处置工作流功能，应能支持鉴定审批流程的配置、实施，包括发起鉴定任务、实施鉴定、审批鉴定意见、触发处置功能等。

③应留存销毁记录，包括销毁授权、销毁内容、销毁执行人、销毁时间等。

④应能生成符合《电子档案移交与接收办法》及同级国家综合档案馆要求的电子档案移交数据包。

（三）转换与迁移

在确保电子档案的真实、可靠、完整和可用基础上可实施电子档案及其元数据的转换或迁移。具体情形主要如下。

①电子档案当前格式将被淘汰或失去技术支持时，应实施电子档案或元数据的格式转换。

②因技术更新、介质检测不合格等原因需更换离线存储介质时，应实施电子档案或元数据离线存储介质的转换。

③支撑电子档案管理系统运行的操作系统、数据库管理系统、台式计算机、服务器、磁盘阵列等主要系统硬件、基础软件等设备升级、更新时，应实施电

子档案管理系统、电子档案及其元数据的迁移。

④电子档案管理系统更新时，应实施电子档案及其元数据的迁移。

（四）移交与销毁

①保管期限为永久的电子档案及其元数据自形成之日起 5 年内应向同级国家综合档案馆移交，移交工作按照《电子档案移交与接收办法》和同级国家综合档案馆的要求执行。

②纸质、银盐感光材料等各门类传统载体档案应以数字副本及其目录数据移交进馆，以确保移交年度内数字档案资源的完整性。

③电子档案的销毁应参照国家关于档案销毁的有关规定与程序执行。

④应从在线存储设备、异地容灾备份系统中彻底删除应销毁电子档案，电子档案管理系统在管理过程元数据、日志中自动记录鉴定、销毁活动，将被销毁电子档案的元数据移入销毁数据库。

⑤应销毁电子档案的离线存储介质，应对其实施破坏性销毁。实施销毁前，应对备份中的其他电子档案进行离线存储介质的转换。

⑥属于保密范围的电子档案，其销毁应按国家保密规定实施。

⑦应填写电子档案销毁登记表并归档保存。

第三节　电子档案进馆的移交与接收

国家档案局发布的《建设指南》在提及"数字档案管理系统"时，特别强调系统应当具备接收立档单位产生的电子档案及其元数据的功能，并在建立一整套接收机制基础上，保证接收过程责权明确，杜绝安全隐患，从源头上保证电子档案的真实、完整、可用。

一、电子档案移交

电子档案的移交是指按照国家规定将电子档案的保管权交给国家档案馆的过程。2009 年，中共中央办公厅、国务院办公厅印发的《电子文件管理暂行办法》第九条规定了各级国家综合档案馆负责接收和保管本馆接收范围内各单位形成的具有永久保存价值的电子文件，并依法提供利用。

2012 年 8 月 29 日，经国家电子文件管理部际联席会议和国家档案局审议通过的《电子档案移交与接收办法》正式实施。《电子档案移交与接收办法》制定的目的就是进一步规范电子档案的移交与接收工作，确保电子档案的真实、完整、可用和安全，促进档案信息资源的开发利用。《电子档案移交与接收办法》还特别规定了相关单位的职责，即各级档案行政管理部门负责对电子档案的移交、接收工作进行监督和指导，而档案移交单位和各级国家综合档案馆应当切实履行电子档案移交和接收职责。

档案的移交与接收，不仅是档案实体和信息的转移，更是档案管理责任主体的变更，即从档案的生成单位——立档单位，变成档案的永久保管单位——国家综合档案馆。

（一）移交时间

对于电子档案而言，如果沿用过去对纸质档案等传统载体档案的规定，15~20年再移交进馆，显然是不合适的。对电子档案的安全保管和长期可用都是极大的隐患。

根据《电子档案移交与接收办法》规定，电子档案应当自形成之日起5年内进行移交，对于有特殊要求的电子档案，可以适当延长移交时间。对于涉密电子档案的移交时间，暂无明确规定，但一般均从严执行。

（二）移交的基本要求

①元数据应当与电子档案一起移交，一般采用基于XML的封装方式组织档案数据。

②电子档案的文件格式按照国家有关规定执行。

③电子档案有相应纸质、缩微制品等载体的，应当在元数据中著录相关信息。

④采用技术手段加密的电子档案应当解密后移交，压缩的电子档案应当解压缩后移交；特殊格式的电子档案应当与其读取平台一起移交。

⑤档案移交单位应当将已移交的电子档案在本单位至少保存5年。

（三）移交流程

电子档案移交的主要流程包括组织和迁移转换电子档案数据、检验电子档案数据、移交电子档案数据等步骤。电子档案的移交可采用离线或在线方式进行。

采用离线移交电子档案时，移交单位一般移交一套光盘，光盘应当单个装盒，且应当按照有关要求进行光盘数据刻录及检测，存储电子档案的载体和载体盒上应当分别标注反映其内容的标签。

在线移交电子档案的单位应当通过与管理要求相适应的网络传输电子档

案，传输的数据应当包含符合要求的电子档案及其元数据，数据结构一般为一张或多张光盘载体内电子档案的存储结构组合，单张光盘的数据量应小于光盘的实际容量。

（四）移交介质

《电子档案移交与接收办法》明确规定了电子档案离线移交应使用移动硬盘作为数据的存储介质，用于离线移交工作的移动硬盘必须为电子档案移交工作专用，该移动硬盘平时不得用作他处，不能存储任何与移交工作无关的数据。

（五）移交检测

档案移交单位在向国家综合档案馆移交电子档案之前，应当对电子档案数据的准确性、完整性、可用性和安全性进行检验，合格后方可移交。移交过程中的关键点：一是要做好电子档案准确性、完整性、可用性和安全性等的检测；二是要有必要的交接手续，这个手续可以是电子形式的，也可以是纸质形式的，务必使移交接收程序到位；三是移交接收流程尽可能简便，操作尽可能方便。

二、电子档案的接收

电子档案接收是数字档案馆资源建设的主要任务之一。为了保证各单位所形成的电子档案能依法按照规定的时间和标准移交到数字档案馆，并保证电子档案的真实性、完整性、可用性，首先需要建立起科学、通畅的接收机制，即数字档案馆项目从建设开始，就应按照其功能要求来研究确定电子档案的接收范围、入馆标准及技术方法，并根据档案接收范围，建立起科学、通畅的电子档案接收机制，配备必要的技术手段，从源头上保证数字档案信息的真实、完整、可用。

数字档案管理部门应与电子档案形成单位建立法定或者固定的移交、接收关系，从有利于国家、有利于社会大众的目标出发，为形成单位的电子档案确定归属和流向。电子档案应经过立档单位档案人员整理、鉴定，符合移交规范后方能向数字档案馆移交。如同传统档案需经过形成单位档案人员整理归档后才能接收进馆一样，电子档案也应经过形成单位档案人员的整理、鉴定，然后系统地向数字档案馆移交。这样一种接收机制是我国档案工作的优势，也是我国数字档案馆建设的特殊环境。

档案馆应当建立电子档案接收平台，进行电子档案数据的接收、检验、迁移、转换、存储等工作。

（一）接收范围

为了保证有价值的数字档案资源接收进馆，从数字档案馆项目建设开始就应按照数字档案馆功能要求，研究确定电子档案接收范围。就档案范围而言，数字档案馆接收电子档案的范围与传统档案工作应基本一致。从单位范围看，凡是党政机关、人民团体、国有企事业单位及其他组织机构形成和保存的对国家和社会有价值的档案，都可列入接收范围。由于数字档案所占空间较小，所以接收范围可以更大一些。

（二）接收程序和要求

电子档案接收的主要流程包括检验电子档案数据、办理交接手续、接收电子档案数据、著录保存交接信息、迁移和转换电子档案数据、存储电子档案数据等。

检验时，国家综合档案馆应当对接收的电子档案数据的准确性、完整性、可用性和安全性进行检验，合格后方可接收。其中准确性检验包括检验移交档案的内容、范围的正确性及交接前后数据的一致性；完整性检验包括移交的档案和档案数据的检验；可用性检验是指检验电子档案的可读性等；安全性检验则是对计算机病毒等进行检测。此外，还应对电子档案载体外观进行检验，涉及检查载体标识、有无划痕、是否清洁等。

当电子档案检验合格后，即可办理交接手续，填写《电子档案移交与接收登记表》，由交接双方签字、盖章，各自留存一份，也可采用电子形式并以电子签名方式予以确认。

（三）接收后的管理

接收后，国家综合档案馆应当将电子档案的交接、迁移、转换、存储等信息补充到电子档案元数据中。同时，国家综合档案馆应当对电子档案数据迁移和转换前后的一致性进行校验。国家综合档案馆应当对接收的电子档案载体保存5年以上。

此外，《电子档案移交与接收办法》还特别强调：国家综合档案馆对电子档案载体应当按照《电子文件归档光盘技术要求和应用规范》（DA/T 38—2008）和《磁性载体档案管理与保护规范》（DA/T 15—1995）进行管理。这里不再详细阐述。

第四节　网络信息资源的归档

加拿大档案学者特里·库克在第 13 届国际档案大会上的经典话语启示我们：在数字时代，数字档案馆要履行好知识的管理者、提供者与保护者的职责，必须以富有远见的眼光，收集保存更加广泛、完整的档案信息资源，以真实、全面地反映人类社会实践，建立起能够引起更多公民认同的社会记忆宫殿，从而向全社会提供优质的知识服务。

随着互联网的发展和 Web 2.0 网站的兴起，网络已成为一种不可忽视的用户生产、获取、交流、共享信息与知识的微观环境，但是一部分通过互联网进行远距离传输、管理、操作的文件却往往被人们忽略。实际上，它们也可能具有现实的或潜在的档案价值，如凭证价值、情报价值和历史文化价值等，应当成为基于知识管理的数字档案馆资源的重要组成部分。如何对这些网络档案进行有效收集保存，应当在数字档案资源建设中给予一定关注。党的十九大提出了"智慧社会"这一新的理念，智慧社会的到来为智慧档案馆（室）的建设营造了很好的社会环境。2019 年，国家档案局原馆长杨冬权在"2019 档案从业者安全保护专题研讨会暨 2019 第一届智慧档案解决方案展"上提出：智慧档案馆是一种数字档案馆更加高级的形态，如果说数字档案馆是 2.0 版的档案馆，那么智慧档案馆则是 3.0 版的档案馆。2021 年 1 月，杨冬权又在《为什么要建智慧档案馆（室）？》一文中提出要充分利用人工智能和数据挖掘推送技术建设智慧档案馆，为档案数字化未来发展指明了方向。

一、网络信息资源概述

网络信息资源是指以电子资源数据的形式，将文字、图像、声音、动画等多种形式的信息储存在光、磁等非印刷质的介质中，利用计算机通过网络进行发布、传递、储存的各类信息资源的总和。

（一）网络档案信息资源的概念

网络档案信息资源的定义为：以数字化代码形式存在的，以多种媒体形式表达的，存储在网络计算机磁介质、光介质以及各类通信介质上的，并借助计算机通信网络进行传递和利用的各种具有档案价值或潜在档案价值的信息资源的集合。简言之，网络档案信息资源就是通过计算机网络进行传递、利用的各种数字档案信息资源的总和。

网络档案信息资源专指通过国际互联网可以加以利用的各种档案信息的总称。具体而言，网络档案信息资源主要包含三方面的内容：一是有关档案馆的信息，如反映档案馆概况的信息（馆址、性质、馆藏特点、机构人员设置等）、档案馆工作业务信息、档案馆信息服务等；二是有关档案的信息，如档案存址、档案目录、档案全宗介绍、档案编研成果、档案学研究等方面信息；三是档案本身的信息，指具体档案的内容或形式特征。

【阅读拓展】国外关于网络存档的理解

①国际互联网保存联盟对网络存档（Web Archive）的解释是：一种动态地、主动地、持续地对互联网上有特定价值或意义的网络资源进行采集，并以档案形式存储，为当前和未来的获取提供服务所进行的归档过程。

②英国国家档案馆将网络存档定义为：一种从互联网上收集含有有效信息资源的网站，并以档案形式保存的过程；网络存档与传统文献（如纸质文献、羊皮纸文献等）归档过程一样，对信息资源进行选择、存储和保护，并使其可永久被人们获取和利用。

③维基百科中将网络存档定义为：一种从互联网上采集有效网络数据，并将其以档案形式保存以备当前和未来研究者、历史学家和公众等获取与利用的过程。

（二）网络信息资源采集

1. 采集范围

网络信息资源的采集范围与其他类型的档案信息资源基本一致。凡是反映形成机关工作活动，具有查考价值及利用价值的网络档案信息资源及其元数据（包括完整描述文件内容、背景信息、结构和网站存放地址等的元数据，相关支持软件等）都属于采集的范围。此外，凡是具有国家和社会保存价值的网络档案信息资源，无论其形成者是国家机构、社会组织还是个人，都应由国家档案馆进行接收、征集，集中保存。

在确定网络信息资源具体的采集范围时，我们需要参考《机关文件材料归档和不归档的范围》《电子文件归档与电子档案管理办法》《档案馆工作通则》《政府网站网页归档指南》（DA/T 80—2019）等有关规定，结合网络信息资源的特点、技术环境、相关软件等进行划定。同时，综合考虑网络信息资源的类型，需要归档的网络信息资源包括个人、机构在其职能活动中形成的网页、正式电子邮件、多媒体信息、文档等，以及 FTP、BBS、TELNET、新闻组、邮件列表、博客、WAIS、电子邮件、即时信息等。

【阅读拓展】国外网络信息资源的采集标准

①美国国会图书馆网络信息资源的采集标准主要遵循以下内容：满足国会和研究人员当前和未来的信息需求；所提供的信息是独一无二的；包括学术内容、易逝信息以及传播的信息。目前，美国国会图书馆网络信息资源的采集范围的确定以推荐员根据采集标准进行确定为主，以推荐员根据其专业知识确定为辅。

②澳大利亚国家档案馆在《联邦政府网络文件保管指南》中指出，需要存档的联邦政府机构的网络文件包括：公众网站的文件、虚拟专用网和机构外联网的文件、机构内联网的文件、发布于网站上的单份文件、记录网络资源形成与维护情况的文件、记录网络业务活动的文件，以及完整描述文件内容、背景信息、结构信息和网站存放地址等元数据的文件。

2. 采集方式

（1）根据网络信息采集的方式

根据网络信息采集的方式，网络信息资源的采集可以分为推送模型（Push Model）和拉取模型（Pull Model）。所谓的推送模型通常是基于网络信息资源呈缴法或者协议，由网站所有者将网站信息资源主动地推送给负责保存的机构，如国家法定存缴图书馆等进行保存，荷兰和芬兰的项目采用了这种方法；所谓的拉取模型则是由负责保存的机构使用相应的软件采集要保存的网络信息资源。很多国家一方面还没有关于网络信息资源的呈缴法，另一方面也由于网络资源自身的特点，如网络信息资源的内容提供者数量巨大、庞杂，不像印刷时代的出版者是明确的，数量是可计量的。再加上网络信息资源数量大、内容良莠不齐、更新频率不固定且无规律可循等自身特点，使得推送模型的网络信息资源采集没有成为主要的采集方法，目前网络信息资源的采集主要依赖于拉取模型。

（2）根据采集对象的范围和特征

根据采集对象的范围和特性，网络信息资源采集可分为6种采集策略：选择性采集静态网络资源（如丹麦、加拿大、日本等）；选择性采集静态和动态的联机出版物与网站（如澳大利亚、英国等）；完整性采集整个域（如瑞典、芬兰、冰岛、挪威等）；完整性和选择性相结合的混合型采集（如法国等）；主题采集（也叫基于事件的采集，如美国国会图书馆和互联网档案馆合作的项目）；基于和选定的商业出版公司合作的采集（如荷兰对包括爱斯唯尔（Elsevier）在内的一些商业出版物的采集等）。

（3）在调研各国图书馆和主要组织机构的网络信息资源保存项目的基础上根据网络信息资源采集范围的不同，把采集策略分为完整性采集、选择性采集和混合型采集三种，并把基于主题的采集以及其他的选择性策略合并为一种，统称为选择性采集策略。主要网络信息资源保存项目采集策略分布情况如表3-1所示。

表3-1　主要网络信息资源保存项目采集策略分布情况

国家	项目名称	采集策略	公开获取
美国	互联网档案馆	完整性采集	是
美国	LCWB	选择性采集	是
澳大利亚	PANDORA	选择性采集	是
芬兰	赫尔辛基大学图书馆	完整性采集	否
法国	Bibliothe quenalionale de France	混合型采集	否
瑞典	Kulturarw3	完整性采集	限制性访问
英国	网络上的英国	选择性采集	是

①完整性采集主要是利用机器人、爬虫等网络信息收割工具对网络信息资源不加判断地进行自动化采集。当然，这里的完整性是个相对的概念，并不是要采集全部的网络资源，而是根据保存机构的职责和采集目标，对保存范围内的网络信息进行采集。

②选择性采集通常是选择符合一定标准的、与某个主题或事件相关的特定网站或网页甚至是特定类型的文件进行采集。按照这种采集策略进行网络信息资源保存的项目一般会制定一个选择指南，对要采集对象的选择标准进行详细的描述和界定。

③混合型采集。在完整地对整个国家域进行户度采集的同时，选择一些重点领域或重要事件进行有针对性的深层次的频繁采集，以弥补完整性采集周期太长，对特定主题采集层次不深、质量不高，无法采集深层网页等方面的不足，既考虑到面的广度，同时又照顾到特定点的深度，对国家网络信息资源进行比较全面而深入的采集和保存。

3. 采集工具

无论是推送模型还是拉取模型，其实质均是对网站前端呈现的内容进行采集和归档，实现的途径包括开放网站接口和利用采集软件两种。

（1）开放网站接口

网站接口的开放需由网站所有者授权，由网站后台主动推送网站内容或由政府网页归档项目实施主体提出申请获取网站内容，内容获取方式包括时间触发和事件触发两种，时间触发是指按照一定的时间间隔周期性地推送或申请来获取内容；事件触发是指网页内容更新时由网站后台主动推送内容。

（2）利用采集软件

网络信息资源采集利用的采集软件主要是网络爬虫工具，随着网络信息资源归档工作的开展并逐步深入，相关机构开发了专门用于网络信息资源归档的各类爬虫工具，目前，Heritrix 和 HTTrack 是网络信息资源采集项目中利用率最高的采集工具。其中，Heritrix 是由互联网档案馆和国际互联网保存联盟成员图书馆负责开发，其采用广度优先的算法来抓取完整的、精确的站点内容，对网站采集的精确度和完整度都很高；而 HTTrack 则由法国国家图书馆设计，其具有较强的链接分析能力，可以从服务器获得网站的所有结构，适用于完成重要网站网页信息的深度采集。这两款网页采集工具，在实施信息采集前均能对要采集的网站网页信息的更新频率进行评估，而且在采集时可以通过增加爬虫的数目，使网页捕获频率与网页更新频率尽可能地保持一致，从而能有效地确保网页信息采集的质量。

（三）网络信息资源整理

只有对采集到的网络信息资源加以分类和编目，才能使无序的网络信息资源转化为有序的信息资源，从而具备增值的潜力，为现在和将来的用户服务，网络信息资源整理的实质为归档前的整理。目前，网络信息资源编目格式主要有以下三种。

1. 机器可读目录

机器可读目录（Machine-Readable Catalogue，MARC），其是为描述、存储、交换、处理及检索信息资源而精密设计的标准，是目前发展最悠久、最成熟的计算机可读目录。MARC 的信息单元是 MARC 记录，包括头标区、目次区、数据区和分隔符。MRAC 是在 20 世纪 60 年代，由美国国会图书馆研制，先后更名为 LCMARC、USMARC。1977 年国际图书馆协会联合会制定了 UNIMARC，这是为解决机读书目的数据和内容标识符的不统一，方便国际范围内书目的交换而制定的通用机器可读目录格式。此后，各国根据 UNIMARC 制定了自己国家的 MARC 格式。20 世纪 90 年代末，USMARC 和 CAN/MARC 实现了统一，新的 MARC 格式被命名为 MARC21。目前，MARC21 还处在不断修改完善之中，各个国家图书馆都在为改进 MARC21 提出建议。

2. 都柏林核心元素集

都柏林核心元素集（Dublin Core Element Set，DC），其是用以描述网络信息资源的目前应用最广泛、最具影响力的元数据标准。DC产生于1995年由联机计算机图书馆中心（OCLC）和美国国家超级计算机应用中心在美国俄亥俄州都柏林市召开的第一次元数据专题研讨会上。都柏林核心元数据首创计划组织成立的政府工作组（Government Working Group）于2001年9月发布了专门针对政府信息资源管理的应用扩展集。

（四）政府信息定位服务

政府信息定位服务（Government Information Locator Service，GILS），其是在20世纪90年代，由美国联邦政府建立的一个分布式信息资源利用体系，目的是描述政府信息资源以方便为公众提供检索、定位、获取公共联邦信息资源的服务。在美国政府的大力推动下，GILS成为美国乃至世界多个国家政府信息资源描述的标准，包括俄罗斯、加拿大和日本等。

在参照DC和GILS等元数据标准的基础上，我国于2007年9月发布了《政务信息资源目录体系 第3部分：核心数据》（GB/T 21063.3—2007），该标准规定了描述政务信息资源特征所需的核心元数据及其表示方式，给出了各核心元数据的定义和著录规则；同时规定了6个必选核心元数据和6个可选核心元数据，用以描述政务信息资源的标识、内容、管理等信息。该标准对政府信息资源目录的编目、建库、发布和查询具有指导意义。

【阅读拓展】网页归档元数据参考表

政府网页文件归档时，网页的元数据应同时归档，归档的元数据项应包括网站名称、网站域名、标题、发布时间、来源、关键词、作者、摘要、网址、采集时间、采集人，具体要求如表3-2所示。

表3-2 网页归档元数据参考表

编号	元数据名称	英文名称	约束性	不可重复性	元素类型	数据类型
M1	网站名称	site name	必选	不可重复	简单型	字符型
M2	网站域名	site domain	必选	不可重复	简单型	字符型
M3	标题	article title	必选	不可重复	简单型	字符型
M4	发布时间	publication date	必选	不可重复	简单型	日期型
M5	来源	content source	必选	不可重复	简单型	字符型
M6	关键词	key words	可选	不可重复	简单型	字符型
M7	作者	author	可选	不可重复	简单型	字符型
M8	摘要	description	可选	不可重复	简单型	字符型
M9	网址	url	可选	不可重复	简单型	字符型
M10	采集时间	collection date	必选	不可重复	简单型	日期型
M11	采集人	collector	必选	不可重复	简单型	字符型

（五）网络信息资源保存

目前，网络页面和内容的爆发式增长已使网络信息资源的保存面临很大困扰。当前，多数国家的相关项目采取了目标有限的保存方式，但是经济、技术、法律、政策等诸多因素仍在影响着网络信息资源保存工作的开展。

在机构运行环境、技术环境和风险环境多样化以及网络技术日新月异的情况下，为网络信息资源收集保存提供最终的、唯一的指导是不可能的，不仅不同的环境需要采取不同的策略，而且各机构也需要灵活运用相关策略以有效应对其法律、技术和运作环境的变化。如澳大利亚国家档案馆在《联邦政府网络文件保管指南》中就指出："选择合适的收集保存策略，应视所管理的网络资源的类型及其复杂性、机构所参与的网络活动类型、机构风险评估结果以及机构文件保管需求分析等而定。"

【阅读拓展】澳大利亚《联邦政府网络文件保管指南》提出的保存策略

①对象驱动。该方法重点管理构成网站或通过网站可以利用的"对象"及其元数据。对象驱动策略适用于由文档集构成依赖于复杂的互动功能的网站。采用该方法可以定期对网络信息资源集合进行"快照"，并跟踪网站变化和记录业务细节。

②事件驱动。该方法重点收集网站及其与用户之间发生的事件和业务。该方法适合于动态性网站，如果网站属于高度互动性或应用驱动型的网站，那么捕获事件网站和用户之间单一的事务可能比捕获业务处理时构成网站的对象更可行。事件驱动归档方法将需要收集日期、时间、用户 IP 或域地址（domain address）、用户概况、提问或其他操作行为、为用户提供的资源及其相关元数据等信息。

③"快照"。"快照"通常是在某一时刻生成的完整准确的网络资源文件拷贝。我们可以将该"快照"收集到机构文件保管系统中，并根据利用时间的长短来决定其保管期限。

④跟踪变化。该方法涉及跟踪某段时间内网络资源的变化，并生成变化或活动日志。为了满足利用需求，我们需要将活动日志收集到文件保管系统进行管理维护。

⑤建立和维护在线档案馆。建立在线档案馆的目的是在所有信息发布到动态网站上之时，就对其进行复制。不同于动态性网站的是，在线档案馆必须收集过去和当前发布的信息。它所收集的信息及其完整的元数据也应该与文件保管系统相连接。

1. 归档格式

目前，网络信息资源的归档格式主要为 ARC 格式和 WARC 格式。ARC 格式是由互联网档案馆制定的用以归档网络爬虫（Web Crawlers）批量收割结果的格式标准；WARC 格式是国际互联网保存联盟成员在 ARC 格式基础上制定的一种管理和存储海量网络收割结果的归档格式。2009 年，国际标准化组织（International Organization for Standardization，ISO）通过国际标准《信息和文献：WARC 文件格式》（ISO 28500—2009）将 WARC 格式规定为网页归档的标准格式。

我国国家图书馆"政府网站采集与保存"项目的政府网页文件以 ARC 格式/WARC 格式归档，采用了国际化的标准格式，有利于国际间网页归档项目之间的经验交流和技术共享。但是，北京市档案馆网页归档项目由于处于试点阶段，受限于技术水平、经费不足等因素，其网页文件的归档格式采用 PDF 格式和 OFD 格式。

【阅读拓展】PDF 格式和 OFD 格式的特点

① PDF 是国际通用的版式文档格式，其文件扩展名为"PDF"。该格式的优点是通用性强，可包含文本、图像、超文本链接、声音和视频等多种信息。一般适用于利用网络系统进行查询的图像文件。

② OFD 是开放版式文档格式。其文件扩展名为"OFD"。该格式是我国的一个基础的版式文档格式，在 2016 年发布的国家标准《电子文件存储与交换格式 版式文档》（GB/T 33190—2016）中提出。其具有以下特点：格式透明、支持自包含、格式自描述、不绑定软硬件、持续可解析、稳健、支持技术认证机制、易存储、支持目录、支持内容提取、易于按需获取内容、支持扩展、内容覆盖全面等。

2017 年，国家质量监督检验检疫总局、国家标准化管理委员会正式发布的《电子文件存储与交换格式 版式文档》（GB/T 33190—2016）是国家电子文件标准体系的重要组成部分，其将 OFD 规定为版式电子文件的存储与交换格式。政府网页文件属于电子文件的范畴，因而适用于该标准。同年，国家质量监督检验检疫总局、国家标准化管理委员会发布《信息和文献 WARC 文件格式》（GB/T 33994—2017），规定了 WARC 格式，将其作为组织、管理和存储采集来自网络和其他数以亿计的数字资源的一种标准。至此，我国网页文件的归档格式规定为 WARC 格式，实现了标准化管理。

2. 存储技术

文件存储介质经历了从纸张、磁带、光盘、软盘到磁盘的发展过程，存储方式也从单一存储介质向多存储介质协同工作发展，政府网页文件存储技术主要包括集中式存储技术和分布式存储技术。

集中式存储技术是指将数据存储在处于同一位置的存储单元并对外提供服务的技术，具体又分为直连式存储（DAS）和网络存储（NAS）。

分布式存储技术是指将数据存储在处于不同位置的存储单元，各个存储单元之间通过网络连接协同工作，对外提供统一的服务和接口的技术。该存储技术有效降低了集中式存储的单点故障，并降低了建设成本，典型的分布式存储技术包括集群存储技术和云存储技术。

（1）集群存储技术

其是指将分布在不同位置的多个存储单元通过网络技术联系在一起组成集群，通过一定的调度策略对存储数据和资源进行统一调度，将数据存储在不同的存储单元，实现数据的分离存储和性能的大幅提升，在集群中可灵活地实现存储单元的加入和退出，方便数据迁移和存储介质的迭代更新。

（2）云存储技术

其综合利用分布式技术、集群技术、虚拟化技术和网络通信技术，是现今最先进的存储技术，实现了对多存储介质的综合化管理，对数据资源进行分布式存储、统一化管理，对外提供统一的访问规则和一体化服务，实现了高扩展性的海量存储和访问功能。云存储服务包括公有云存储服务、私有云存储服务和混合云存储服务。

集中式存储技术和分布式存储技术的对比分析如表 3-3 所示。

表 3-3 集中式存储技术和分布式存储技术对比分析

技术比较	集中式存储技术		分布式存储技术	
	直连式存储	网络存储	集群存储	云存储
存储容量	小	根据存储单元容量决定	根据存储单元数量决定	大
存储性能	低	较高	高	极高
数据安全性	低	较低	高	极高
资源共享	极差	差	好	极好
服务能力	差	好	好	极好
可拓展性	差	较差	好	极好
数据迁移	较容易	难	容易	容易
协同能力	无	差	好	极好
建设成本（相同存储容量时）	高	高	较低	低

随着存储技术的不断迭代和发展，网络信息资源归档的文件数量将急剧增加，网络信息资源归档项目对存储容量的需求将会急剧提升，而且对存储数据的后期利用也会增多，要求服务的性能也随之提升，未来的存储技术将更多地向集群存储和云存储发展。

（六）网络信息资源检索

1. 检索架构

通过对现有的网络信息资源归档项目的案例分析，网络信息资源的检索架构简略归纳为以下4种。

（1）基于B/C的分布式检索架构

基于Broker/Client（B/C）的分布式检索机制是利用代理服务器（Broker）将查询请求分割为若干个子请求后，再发送给多个查询服务器，并对查询服务器返回的结果进行整合认证后通过客户端（Client）呈现给用户使用，从而缩短服务器对检索请求查询响应的时间。

（2）可多维度扩展的分布式检索架构

传统搜索引擎采取倒排序文件方法来维护、检索索引文档，但此种方法效率不高。为了应对这个难题，早于谷歌的FAST搜索引擎构建了一种灵活的、可根据数据体量大小对检索结点和发送结点进行线性扩展的架构，从而实现了可多维度扩展的分布检索机制。

（3）负载均衡的检索架构

其主要思路是按对称方式搭建多台服务器，每台服务器都具备等价的地位，都可以单独对外提供服务而无须其他服务器的辅助；然后通过某种负载分担技术，将外部发送来的请求均匀分配到对称结构中的某一台服务器上，而接收到请求的服务器都独立回应客户机的请求。由于采用多台服务器同时提供网络服务，并将网络请求分配给这些服务器分担，这样就可以提供处理大量并发服务的能力。

（4）有效利用缓存的分布式检索架构

中国Web信息博物馆整合了天网搜索引擎（以下简称"天网"），作为它的资源采集器和检索访问系统，天网可查询时间信息，因此天网不但是一个典型的网络搜索引擎，也成为网络信息资源归档检索中具有代表性的搜索引擎。天网检索系统，包括索引结点、查询代理结点和文档服务结点。查询代理结点和文档服务节点使用同一服务器；索引结点和查询代理结点之间的工作模式属于典型的并行算法主从方式（Master/Worker），查询代理结点通过多播向所有索引结点发送查询命令，由索引结点并行完成查询并返回结果，查询服务器上的 Retrieval Agent 负责结果数据的合并，完成访问文档服务，将格式化结果页面返回给用户，用户的后续查询（翻页）将会在缓存中，不必再次启动，这将大大降低查询系统的负载，从而提高查询系统的性能。

2. 检索工具

网络信息资源归档的目的之一是实现对归档信息资源的高效利用，以发挥网络信息资源的价值，这就需要对保存的网络信息资源进行归档和智能化检索。从软件开发者、软件功能特点、软件许可等角度，可以对网络信息资源归档项目中常用的检索工具 Wayback、NutchWAX 进行阐述。

（1）Wayback

Wayback（亦称 Wayback Machine）是目前网络信息资源归档项目实施过程中应用最广的归档网页资源访问系统，其集存储、索引、检索与再现等功能于一体。该检索工具由互联网档案馆创始人布鲁斯特·卡利（Brewster Kahle）和布鲁斯·吉里亚特（Bruce Gilliat）开发，其支持对 ARC/WARC 文档中的 URL 进行索引和回放并提供可视的检索界面，为用户提供跨时间查看网页的存档版本的服务，以解决网页内容在变更或关闭时消失的问题。Wayback 提供的检索策略包括：基于本地访问的索引策略；与访问系统相分离的索引策略；基于负载均衡的索引策略；基于分布资源的索引策略。此外，Wayback 还为存储在异构存储系统中的资源提供索引策略，即将这些资源整合在一起，为不同系统之间的兼容性和联合开发应用提供技术支撑。

（2）NutchWAX

NutchWAX 是一款分布式搜索引擎，是一款开源的免费软件。爬虫软件并不解析提取网页的内容，NutchWAX 负责解析网页，提取网页内容并建立索引，提供检索界面。NutchWAX 具有良好的兼容性，便于二次开发，其提供了可扩展的接口。另外，NutchWAX 不仅可以在一台机器上运行，还可以在 Hadoop 集群中运行，提供更强大的服务能力。

二、网络信息资源归档国内外发展状况

（一）网络信息资源归档的研究现状

不同于前面章节提到的电子文件归档或者电子档案管理等已经进入实施应用阶段，网络信息资源的归档还主要处于理论研究和实践探索阶段，因此，本节的内容主要从理论层面给予相应的关注，基于此有必要先了解相关主题的研究现状。

国外学者及研究机构对网络信息资源归档的研究主要围绕网络资源的鉴定和选取（Appraisal and Selection）、采集（Acquisition）、整理和存储（Organization and Storage）、编目和提供利用（Description and Access）而展开，其最终目的是在网络资源的整个生命周期内对其进行收集，以档案形式保存并为研究者、历史学家和公众等提供永久免费的网络服务。

我国学者关于网络信息资源归档的研究则主要涉及理论研究，诸如网页的档案属性、国内外实践项目研究、责任主体研究、归档流程研究、法规标准研究以及网络信息资源的老化与半衰期研究等。

1. 网页的档案属性

网页是社会组织或个人在社会实践活动中直接形成的文字、图像、音视频等多媒体数字信息，是对以往社会活动的清晰、确定的原始记录，具有鲜明的原始记录性，这与档案的本质特性是相同的，因此决定了网页的档案属性。归档的网络信息资源是档案数字资源的重要组成部分，和档案实体资源共同构成了国家档案整体资源。除原始记录性外，网页还具有凭证价值、查考价值。博客、微博等社会化媒体承载的信息记录了一种事实，可以发挥凭证作用，因此，也应纳入网络信息资源的归档范围之中。

2. 国内外实践项目研究

我国关于国内外网络信息资源归档的实践研究主要是以网络信息资源归档项目的形式进行介绍，关于国外的实践研究，包括互联网档案馆（Internet Archive，IA）、国际互联网保存联盟（International Internet Preservation Consortium，IIPC）、美国国会图书馆网络信息资源归档项目、哈佛大学图书馆网络信息资源保存项目、澳大利亚国家图书馆网页归档项目、韩国国立中央图书馆网络信息资源保存项目、新西兰国家图书馆网络信息资源归档项目、丹麦网络信息资源归档项目等；关于国内实践研究，有国家图书馆开展的"网络信息资源采集与保存"（Web Information Collection and Preservation，WICP）试验项目、北京大学"计算机网络与分布式系统实验室"主持开发的中国网页历史信息存储与展示系统——中国Web信息博物馆。

3. 责任主体研究

网络信息资源归档责任主体研究主要是探讨网络信息资源归档项目建设应该由谁负责；多主体参与时，应该采用何种合作模式。

4. 归档流程研究

我国学者对网络信息资源归档流程的研究，主要集中在采集策略、采集工具、归档格式、归档策略、检索工具、检索策略、风险管理等方面。

5. 法规标准研究

网络信息资源归档涉及诸多的法律问题，我国学者关于网络信息资源归档的法规标准研究，主要集中在探讨网络信息资源归档在著作权法、呈缴法、隐私权、个人数据保护法以及爬虫协议中的法律依据问题。

6. 网络信息资源的老化与半衰期研究

网络信息的易逝性是网络信息资源归档工作中面临的首要问题。网络信息资源数量的高速增长及网络信息资源的快速老化涉及数字遗产的保存和社会记忆的延续等诸多问题。学界一般借用半衰期的概念来探讨网络信息资源的老化规律。在实证研究方面，将网络信息的生命周期定义为网络信息从产生到失去效用价值所经历的各个阶段和整个过程，以不同类型网站为研究对象，对不同类型的网络信息的周期态势进行误差记录和分析，揭示了网络信息成长、成熟、衰退的三个阶段。

在实体资源和数字资源共同支撑档案资源大厦的时代，数字资源的匮乏无疑是档案资源结构的重大缺陷。泛在、实时的数字资源是巨大的信息源，舍弃这部分资源必然造成当代社会活动记录的残缺不全。传统档案资源的积累途径主要在于收藏，而数字资源则需要收藏和信息组织并重。将网络环境中真伪难辨、背景不清、冗余繁多的信息加以鉴别、整合、描述，使之体系化、结构化和信息单元固化，达到可查、可考、可证、可信，这些数字信息的资源价值才能充分实现。海量化的网络信息资源具有类型多样、格式丰富、动态性强、规范性差等特点，为档案工作者提供了广阔的工作空间。而如何保存以网页内容为表现、流动在互联网上的数字化信息和知识并让其成为我们后代不可或缺的智慧遗产，就成为当今人类社会知识管理中越来越重要的课题。

（二）归档的法规与标准

1. 法律规范

从法律层面上看，网络信息资源的归档主要涉及呈缴制度和版权法。呈缴制度是指一个国家或地区为了完整地收集和保存全部出版物，要求所有出版者必须向指定的图书馆或出版主管机关呈缴一定份数的最新出版物的制度；版权法则是确认作者对其创作的文学、艺术和科学作品享有权利，规定因创作、传播和使用作品而产生的权利与义务的法律规范的总称。但是，目前绝大多数国家的呈缴制度都未将应归档网络信息资源纳入呈缴范围，仅有少数国家，如丹麦等将应归档的网络信息资源纳入了呈缴范围。

2. 技术标准

网络信息资源归档过程中，涉及的标准规范主要是系统开发方面。开展网络信息资源归档项目的各机构广泛接受并遵循开放档案信息系统（Open Archival Information System，OAIS）参考模型。OAIS 参考模型是由空间数据系统咨询委员会制定的标准，其目的在于对数字资源长期保存和存取规定提供概念与参考模型。

3. 行业标准

为指导我国国家机关及其档案部门规范开展网页归档工作，促进实现网页信息的有序归档和长期保存，国家档案局制定了《政府网站网页归档指南》(DA/T 80—2019)。该行业标准规定了政府网站网页归档的总则、网页的归档范围和网页档案的保管期限，以及网页归档的收集、整理、移交接收和网页归档功能模块建设的一般方法。该行业标准适用于我国各级人民政府及其部门、派出机构和承担公共服务职能的事业单位在互联网上开办的政府网站的网页归档，而其他单位的网页归档工作可参照执行。

（三）国外典型项目

网络信息资源的保存工作是随着互联网的快速发展而兴起的，多数国家在 20 世纪 90 年代开始开展网络信息资源的保存研究工作，各国大都将网络信息视为人类的文化遗产与人类社会活动的数字资源加以重视和保存，此类项目大多由国家图书馆或者档案机构主持，其中许多项目结束后都成了各国数字图书馆或数字档案馆建设的一项重要内容。

1. 国际互联网保存联盟

2003 年，国际互联网保存联盟由美国国会图书馆和英国、法国、澳大利亚等国的国家图书馆以及互联网图书馆联合成立，旨在通过国际合作对重要的网络信息资源进行归档保存。国际互联网保存联盟的任务是通过推动国际合作，加强对网络信息资源的收集、保存和长期利用，同时开发通用的工具、技术和标准，促进全球网络信息资源保存体系的创建、使用和发展。WARC 存档格式、Heritrix 爬虫工具、WARC 分析工具皆为国际互联网保存联盟的产品。

2. 互联网档案馆项目

互联网档案馆是一家设于美国旧金山的非营利机构，于 1996 年建立。它使用一种称为"网络爬行机器"的工具软件，从各个公开的网站上搜索保存网络信息资源。该机构收集存储了全球互联网上出现过的各类网页、文字、视频、音频等资源，它最早可以提供 1997 年的网络档案信息。总体看来，该机构对网页内容的保存比较全面，对网页的结构、图片、超链接以及一些动态信息都加以保存，它还提供对收藏的资料进行检索的途径。可以说，它是目前世界上收藏网络信息资源最早、最完整并能提供最好服务的专门机构。

3. 美国国会图书馆网络信息资源归档项目

2000 年，美国国会图书馆承担了国家数字基础设施和保存项目，旨在从国家层面对有用的数字资源进行采集、存储和提供利用；同年，美国国会图书馆发起了网页存档项目，该项目目前称为美国国会图书馆网络信息资源归档项目；2005 年，美国国会图书馆发起了对捕获的网页资源进行内容筛选和管理的项目，旨在确立抓取标准，以及确立根据这些标准采用的技术措施。

4. 英国网络信息资源保存联盟项目

该项目由大英图书馆、维康基金会图书馆、英国联合信息系统委员会、英国国家档案馆、苏格兰国家图书馆、威尔士国家图书馆 6 个独立机构于 2003 年成立。成立该项目的目的就是探索网络信息资源在保存工作中所涉及的技术、法律、保存策略、运行管理以及经费等问题。该项目是一个 2004 年 6 月开始为期两年的试验项目，从 2005 年起开始保存英国网站的档案，该项目主要利用奥地利国家图书馆开发的 PANDAS 软件，由联盟的 6 个参加单位根据分工对英国本土的网络信息资源进行保存。例如，维康基金会图书馆主要保存与医学有关的网站；威尔士国家图书馆主要保存反映当代威尔士生活的相关网站；而大英图书馆则负责保存文化、历史和政治有关的重要网站。从使用方面来看，该项目最大的特点是它对保存的网站档案资料进行了元数据抽取，能够通过分类及利用关键词对所保存的资料进行检索，最大的缺憾是对网站档案资料的保存不系统，也不能按照网址进行检索。

5. 澳大利亚国家图书馆网页归档项目

该项目是于 1996 年由澳大利亚国家图书馆发起的旨在对澳大利亚在线出版物、具有重要文化价值网站开展长期保存，它是世界上最早的网络存档项目之一，现在已发展为与其他 11 个澳大利亚各地的图书馆和文化遗产机构共同合作，到目前为止已经较为完善。此项目保存的网络信息资源主要包括：政府的公开出版物，教育机构出版物，会议论文，电子期刊，索引和摘要，在某主题领域运行三年以上和记载当前重要社会、政治等内容的网站（如选举网站、2000 悉尼奥运会网站等）等。

（四）国内项目

1. "网络信息资源采集与保存"试验项目

2003年年初，国家图书馆正式启动了"网络信息资源采集与保存"试验项目，该项目同世界各国的网络信息资源保存实践一样，积极探索网络信息资源的采集与保存的相关法律、技术、标准等问题。2003年11月20日，该项目主页开通，并提供服务。该项目的主要目的是通过试验发现网络信息资源采集、整理、编目、保存和服务中存在的问题，提出解决问题的方案；确定保存对象，根据其特点确定技术策略和业务整合方案；试验性采集、整理、保存数据并提供服务；并计划采集所有.cn域名下的网站和所有中文（编码）网站。

2. 中国Web信息博物馆

2002年1月，在国家"973"和"985"项目支持下，由北京大学网络实验室开发建设中国网页历史信息存储与展示系统，其被称为中国Web信息博物馆，截至目前已经维护75亿个网页。目前该项目对中国互联网上最主要的网络信息资源进行了采集和归档，其目标是将当前中国的网络信息资源相对完整地保存下来，使得将来的某一天可以真实地再现这些网页。该系统主要有如下几项功能：输入URL，浏览永久保存的历史网页；典型历史网页展示，可以顺着超链接在历史网页中持续浏览；历史事件专题回放，可以为用户提供一个完整的历史网页。

三、网络信息资源归档存在的问题及其对策

网络信息资源归档项目的建设是一项复杂的系统工程，涉及资金、人员、政策、技术、设施、资源等诸多因素。因为网络信息资源归档项目是一个建设周期长、投入资金量大、人员耗费多的复杂的项目，所以不仅需要考虑前期投入和过程运行，还需要考虑后期存储、维护和利用。

（一）主体问题

我国网络信息资源归档的实施主体以国家图书馆为主，这就表明，档案馆在网络信息资源归档过程中的实施主体定位缺失。故而，有必要对档案馆在网络信息资源归档中的定位和职责进行明确。档案馆必须主动承担起网络信息资源归档实施主体的职责，对国家机构、社会组织和个人在处理行政事务和开展业务活动中，通过网站形成的具有原始记录性的电子文件进行接收、保管；同时，负责制定网络信息资源归档的规章制度，指导监督网络信息资源的归档工作。

（二）技术问题

我国网络信息资源归档的采集方式包括开放网站接口和利用采集软件。当网络信息资源归档项目实施客体为单一网站或同一框架结构的网站时，在网站所有者授权后，可以采用开放网站接口的方式对归档网络信息资源进行采集整理；当网络信息资源归档项目实施客体为多家网站，尤其是不同网站采用不同的网站架构、后台技术和前端实现技术时，可以采用网络爬虫抓取的方式对网页进行采集整理。目前，世界各国的网络信息资源归档项目大都采用网络爬虫抓取的方式对归档网络信息资源进行采集整理，国内外网络信息资源归档项目也都向着多网站的方向发展。鉴于此，考虑到技术难度、建设成本、建设周期，国内外项目之间的交流和兼容性以及未来发展的需求和项目可拓展性，多数学者认为网络信息资源归档项目应更多地采用网络爬虫抓取的方式进行网络信息资源采集。

（三）法规保障问题

当前，世界上绝大多数国家在网络信息资源归档方面，受到呈缴制度和版权法的限制，而我国在此方面还不够完善。对此可以采取一定的应对方案。

1. 请求网站所有者授权

开展政府网页归档项目的实施主体在进行政府网页归档项目建设之前，与拟采集的政府网页资源的网站版权所有者进行协商，达成采集许可协议，进而减少侵犯版权的风险，获得网站所有者对政府网页归档项目的支持。

2. 先采集，后补救

开展政府网页归档项目的实施主体暂时将版权问题进行搁置，对网页信息进行采集，然后根据不希望被收录的网站所有者提出的申请，删除或禁止访问已采集到的网页。

3. 尊重网络伦理

即遵循爬虫协议（Robots.txt）。爬虫协议是国际互联网界通行的道德规范，是一种存放于网站根目录下的ASCII编码的文本文件，其作用是告知搜索引擎爬虫程序允许和禁止访问网站内容的范围。

第四章 新时期数字档案资源的管理

第一节 数字档案信息系统建设

数字档案移交或产生后,就有一个如何进行资源后续优化和管理的问题。《建设指南》中强调,在对数字档案信息资源进行有序和有效管理之前,必须进行包括分类、价值鉴定、开放审查以及开发等工作,使无序信息有序化,并实施有效控制。

一、数字档案资源的含义

在实施数字档案资源整理之前,有必要了解数字档案资源的含义或构成范围。作为数字时代档案存在的形态,关于数字档案资源的表述,还存在档案数字资源的说法。但无论何种表述,它们都是指以数字形式存在的档案资源。而关于它的构成范围也有多种说法,其中比较有代表性的有以下几种。

①在第十八届国际档案大会上,国家档案局局长李明华做题为《中国的数字档案资源建设》主旨报告,报告中将数字档案资源归纳为两部分,即"办公条件下形成的电子文件归档后形成的数字档案资源和档案馆(室)藏传统载体档案数字化后形成的数字档案资源"。

②倪代川在《数字档案资源概念探析》一文中认为,数字档案资源主要来源于归档电子文件的接收、库存传统档案资源的数字化转换、在线网络档案信息的采集以及专题数字档案信息的捕获等。

③陶水龙在《基于流程管理的电子档案安全策略的探讨》一文中认为,档案数字资源是指以数字形式存在的各类档案资源,包括各级各类在线生成并归档的电子文件即电子档案和将各种载体的档案数字化后形成的所有档案数字副本,以及各种因保管、利用需求而形成档案数字副本的集合。

④徐华在《基于 ISO 9000 的档案数字资源质量管理分析及术语释义》中认为,档案数字资源是指纳入数字档案馆的各类档案资源,包括:各级各类内容及相关元数据真实完整、原生,经过在线生成并归档的电子文件即电子档案;

各种载体的内容真实，对相关元数据进行补录、再生后形成的所有档案数字副本；各种内容真实但元数据部分补录或电子档案的元数据有所改变，因保管、迁移、利用需求形成的档案数字副本；数字形式的档案开发产品（基于内容的 N 次开发产品）。即档案数字资源＝电子档案＋档案数字副本＋数字形式的档案开发产品。

根据上述的表达，本章所指的数字档案资源也应当是一个整体性的概念，它主要包括电子档案和档案数字副本以及条件成熟后的归档网页信息，再加上在资源组织过程中形成的档案开发产品，如各类档案数据库或专题数据库等。

二、数字档案资源的分类

在纸质环境下，分类是我国档案管理的一项重要工作，其主要作用是方便档案检索。在数字环境下，面对数字档案带来的诸多挑战，我国档案领域对分类的认识并未因文件管理环境和方法的变化而改变，很多文件形成单位依然沿用纸质环境下档案分类的做法。

数字档案资源的分类是资源管理和提供利用的重要基础。我国传统档案整理过程中已经形成一套分类体系，可以直接运用到数字档案管理中来。如按全宗（立档单位）整理，同样适用于数字档案。一个单位形成的全部档案有其内在的联系，按全宗整理数字档案，不仅便于管理，而且也是数字档案检索利用的重要途径之一。

关于数字档案资源的分类，我国目前并没有明确的单独规定。我国现有的档案分类法总体而言是按照档案的内容进行的分类。特殊载体的档案，如声像、照片档案等没有设立专门的分类类目，而是按照本身的内容特点进行分类，但是在档案的实体保存时却是单独保存。目前我国电子文件或电子档案的分类也是在参照纸质档案的分类基础上进行的。在《电子文件归档与电子档案管理规范》（GB/T 18894—2016）中就规定同一全宗内的电子文件按照年度—保管期限—机构（问题）或保管期限—年度—机构（问题）等分类方案进行分类。按电子文件类别代码相对集中组织存储载体。各数字档案馆项目可以在参照此规定的基础上结合本馆数字档案的特点制订切实可行的电子档案分类方案。而数字化的档案属于档案的数字化副本，其分类可以依据数字化前的档案进行。

此外，《建设指南》要求数字档案的管理系统应当做到：按照设定的分类方案，将数字档案信息存储到系统中，或根据管理要求进行适当调整；过滤重复数据和重新分类、编号；对档案内容进行抽取和添加元数据等操作。

三、数字档案资源的价值鉴定

（一）价值鉴定的含义

在档案数字化前进行的鉴定，包括价值鉴定、内容鉴定、扫描范围鉴定。其中，价值鉴定主要是对库存长期或定期保管的档案进行鉴定，将其中经鉴定变更为永久保管的档案纳入数字化范围之中。内容鉴定主要是鉴定扫描对象目录与内容的一致性。扫描范围鉴定主要是鉴定扫描与不扫描的档案内容。对库存档案数字化过程中的价值鉴定，可以按照扫描鉴定从宽、分布鉴定从严的原则处理，防止草率地以特定时期、特定人员的眼光否定某些档案的价值，尽量保持已有档案全宗或者目录数字化的完整性。

电子档案或数字档案信息发布利用之前，必须进行开放利用的价值鉴定工作，并通过技术检查，譬如清晰度、准确性、完整性，以便让利用者有效检索、阅读和理解数字档案信息。

（二）价值鉴定的新问题

在数字环境下档案鉴定工作遇到了许多传统环境下不曾遇到的新问题。马林青在《中国档案分类与西方文件分类比较研究》一文中指出：在网络环境下，由于数字档案的利用和服务具有一对多、批量性、传播速度快、共享性等特点，如何在提供数字档案利用以促进公共利益的同时有效保护公民的隐私权、著作权？如何通过做好鉴定工作来有效规避数字档案利用可能给档案馆带来的法律风险？最后，档案鉴定从来都是档案管理活动中最具挑战性的环节，这种地位和特性在数字环境下不仅没有被弱化，反而得到了增强。

（三）处理好价值鉴定中的关系

档案数字化鉴定的关键是处理好以下四对关系：档案数字化鉴定与传统鉴定的关系、档案数字化鉴定与档案利用和保管的关系、档案数字化鉴定中应充分考虑成本与效益的关系以及档案数字化鉴定中理论与实践的关系。

①处理好档案数字化鉴定与传统鉴定的关系。一方面，在档案数字化鉴定中档案传统鉴定的一些原则、标准仍然具有一定的参考和借鉴意义；另一方面，在数字档案馆的新环境、新观念、新手段下，档案鉴定的内容、标准和原则必然相应地发生了变化，因此固守传统的档案鉴定技能和理论显然行不通。

②处理好档案数字化鉴定与档案利用与保管的关系。如果说档案数字化鉴定与传统鉴定有什么不同点的话，那么最大的莫过于前者更加凸显利用功能，而后者则是保存和利用并举，当然这里所说的利用需求是普遍、一般的需求，

并不包括个别、特殊的要求。

③处理好档案数字化鉴定中应当充分考虑成本与效益的关系。对数字档案的数量应当从严控制，对全部库存、各类库存数字化数量应当有一个最高的比例限制，这样可以防止传统档案鉴定中从宽处理的思维惯性，同时也避免了数字化鉴定流于形式，从而切实提高单位数字档案的效益。

④处理好档案数字化鉴定中理论与实践的关系。数字化鉴定工作的成败取决于两个方面的因素：一是档案馆立足于自身状况（资金、库存、利用率等）的档案数字化鉴定实践，通过实践形成一系列可操作、较科学的鉴定实践指南，包括鉴定的方法与程序、细化档案数字化鉴定分类统计表等；二是理论对不同档案馆的经验进行校正和抽象化，形成数字化鉴定的整套理论，使数字化鉴定不再是各个档案馆的"各行其是"，不再是档案馆自己的经验体系，简言之，数字化鉴定应当在取得实践成果的同时力求理论上的创新和突破。

《建设指南》要求数字档案的管理系统应当做到：辅助人工完成档案的开放鉴定工作。这也许是数字档案管理系统功能发展的方向之一。

四、数字档案资源的划控处理

《建设指南》要求：档案信息网上提供利用，需根据数字档案不同网络的传播范围、用户范围、使用方式等进行处理。目的是确定数字档案资源在不同网络环境下的用户范围及其利用权限，准确判定档案内容的开放或控制使用。

数字档案资源的划控处理是一项政治性、专业性和法律性很强的工作，因此《建设指南》要求：对涉及国家秘密、商业秘密或个人隐私及其他敏感信息的档案利用，应当按照国家相关法律法规要求，进行划控处理。涉密信息只能在涉密网发布，内部信息只能在内网（包括政务网和档案局域网等）使用，开放信息可以在公众网发布。而在公众网和政务网上发布数字档案信息，应在健全审查机制的基础上，建立起数字档案信息发布审批机制，即凡在公众网和政务网发布的数字档案信息，都必须办理审批手续。

【阅读拓展】数字档案资源开放鉴定方法

①划控等级。在网络时代，每个档案馆几乎都同时拥有局域网、政务网、公众网，有的还有保密网。因此，需要针对不同的网络和不同的用户群体提供与其权限相应的档案信息。例如，可根据数字档案信息管理和利用的需要，将数字档案划分为三到四个等级。A级（限制级）是指需要保密的档案；B级（次限制级）是指不宜开放但不保密的档案；C级（内部级）是指可依申请开放（或

向特定单位和特定人员开放）的档案。D级（开放级）是指可依法公开的档案。至于划分三级还是四级，可根据网络平台的实际情况而有所区别。

②划控手法。数字档案资源的划控开放，应以单份文件为单元。利用计算机的快捷检索和批量处理功能，结合人工分析判断来对数字档案信息的开放等级进行批量批注。需要通过阅读全文才能确定开放等级的档案，可以通过链接直接打开全文，依据阅读档案全文来确定文件开放等级。凡是划为开放级的，需要发布到互联网的档案，必须阅读全文，并结合全文内容确定开放等级。

③划控重点。针对数字档案信息来源广泛、种类繁多的特点，在组织实施档案开放鉴定时，既要着眼于保护国家秘密，又要综合考虑隐私保护、商业秘密保护等方面的因素，形成新的鉴定理念。随着党政机关、企事业单位在处理公众事务过程中形成的大量"涉及人"的档案（如婚姻档案、出生档案、学籍档案、公证档案、诉讼档案、纪检监察档案等等）接收进馆，隐私保护成为数字档案鉴定的重要内容。另外，近几年随着档案来源和资源结构的变化，许多档案（如照片档案、音像档案、科技档案、手稿档案等）涉及相关组织的商业秘密。保护商业秘密，也是档案鉴定的新的思考点。此外，对于敏感档案，要分门别类，具体分析，区别对待，对于难以把握和判定的，应当认真分析判断。

五、数字档案资源的备份

档案备份，是指为了防止或减轻自然、人为等各种不利因素导致的数字档案信息损失，将全部或部分档案信息从原存储载体复制到其他存储载体，形成备用档案复制件的过程。在档案备份过程中应当遵循档案形成、收集、保管和利用的规律，遵循"安全、可靠、经济、便捷"的工作原则，各级各类档案馆负责本馆馆藏档案的备份工作。

（一）异质备份

档案馆应对馆藏重要的数字档案进行异质备份。其中，重要的数字档案意味着并非所有的馆藏数字档案全部需要做异质备份，而是档案馆根据自己的馆藏结构，甄选部分重要性较大的数字档案进行异质备份。同时，异质备份指的并非数字档案在不同的存储介质中的备份，如在硬盘或磁带中备份一套数字档案并非异质备份，异质备份特指数字档案信息在不同的信息承载媒介中的备份，如数字档案异质为缩微胶卷副本或是纸质副本。

（二）异地备份

数字档案备份应当同时采取本地备份和异地备份的方法。本地备份是指将备份内容存储于实施备份单位同一建筑或建筑群内。异地备份分为同城异地备份和远程异地备份。同城异地备份是将备份内容存储于本地与实施备份项目不同地域的场所；远程异地备份是将备份内容存储于外地适当的场所。远程异地备份的场所应当选择在与本地相距 300 km 以上，不属同一江河流域、不属同一电网、不属同一地震带的地区。

【阅读拓展】重要档案异地备份制度

我国是一个地震、洪涝等自然灾害多发国家，特别是 21 世纪后，各种自然灾害频发，对档案安全构成极大威胁。2008 年汶川大地震发生后，国家档案局审时度势，要求各级国家档案馆通过建立异地备份库等形式，对本级重要档案及电子文件实行异地备份，对重要的电子文件实行异质备份，并要求副省级市以上档案馆争取在 2012 年年底前完成这项工作。青海玉树地震发生后，国家档案局于 2010 年 5 月汶川大地震 2 周年之际，在四川召开了全国档案安全体系建设会议，对档案安全工作做出全面部署，再一次强调了档案备份制度建设的重要性和紧迫性，进一步推动了这项工作的开展。

按照国家档案局的部署，副省级市以上档案馆积极推进重要档案异地备份工作。目前，各省、计划单列市、副省级市档案馆已全部结对，互为对方提供档案备份库房。与此同时，有的省为全省各地档案馆进行集中备份，有的省引导本省各地档案馆互为对方异地备份。据悉，全国不少地市级档案馆也在积极开展结对联系工作。

总之，无论是重要档案异地备份，还是重要电子档案异质备份，目的在于确保档案实体与信息的安全。这项制度落实到位了，档案安全保管就有了更坚实的保障。

（三）备份方式

备份的方式有在线、近线和离线三种。其中，在线备份是指存储设备与计算机系统物理连接，操作系统、文件系统或应用系统可随时读取、管理存储于其中的数字档案和数据；近线备份是指存储设备与计算机系统物理连接，操作系统或应用系统不可随时读取和修改备份于其中的数字档案和数据，备份策略、恢复方式等通过独立于操作系统、应用系统的存储管理系统实施；离线备份是指将电子档案和数据存储于可脱离计算机、存储系统保存的存储介质上，如硬磁盘或磁带。其中，硬磁盘包括移动硬盘和硬盘。由于不再将光盘列为备份介质，使用磁带还是使用硬磁盘作为备份介质，各档案馆应根据本单位的设施设备情况进行选择。此外，无论使用硬磁盘还是磁带作为备份介质，均应在满 4 年后进行介质更新，即将全部备份数据迁移至新的移动硬盘或磁带中。

六、数字档案资源的开发

（一）开发的含义与原则

《建设指南》中提到管理系统应"能够辅助进行档案信息智能编研、深度挖掘"。这里提到的编研和挖掘均属于档案信息资源开发的方法的范畴。在数字环境中，档案信息资源开发的对象就是数字档案信息资源中的隐含信息，开发的任务就是通过一定的加工方法尽可能将静态数字档案信息活化出来，其是一种以利用者为导向的研究性活动，它需要深入利用者群体了解其需求及其变化规律，选择相应开发选题，然后通过数字档案信息的查找、提炼、归纳、比较、综合、演绎、推理等过程，形成能够反映和满足利用者需求的数字档案信息产品，为后续的数字档案资源利用活动提供物质对象。

《国家档案局中央档案馆关于加强档案信息资源开发利用工作的意见》（档发〔2005〕1号）中提到了档案信息资源开发利用工作的基本原则：根据统筹协调、需求导向、创新开放、确保安全的总体要求，正确处理加快发展与保障安全、公开信息与保守秘密、开发利用与规范管理、重点突破与全面推进的关系，因地制宜，分步推进，促进档案信息资源开发利用工作协调发展。

（二）信息产品开发的主题选择

一般来说，对档案信息资源进行开发的主要手段是对档案信息进行分析、研究、加工和揭示，以数字化的目录、索引、文稿、专题汇编、图集、统计数字汇集等档案信息产品形式，为有关利用者提供二次、三次文献的专题服务，即开发的最终结果是形成具有一定专题性质的数字档案信息产品，而这些信息产品又是后续实施数字档案资源利用的基础。

在实施专题信息产品开发时，主题的选择非常关键。档案部门应根据利用者对数字档案信息的利用需求，有针对性地选择信息资源开发的主题。所谓主题，是指档案所涉及的具体对象或问题，即文献的中心内容。之所以需要进行主题的选择，是由档案信息一定的利用规律所决定的。

1. 由数字档案信息的广泛性与利用的有限性这一矛盾所决定

各级各类档案馆数字馆藏内容十分丰富，而利用者的利用则是非常有限的。档案部门必定要经过选择，从库藏的档案信息中进行筛选，"择需"而播。

2. 由档案部门自身条件所决定

档案部门作为信息资源的开发者，其要遵守国家各种政策法令，维护国家和组织的相关利益，并据此作为选择、加工、传递档案信息的标准。

3. 由利用目的所决定

档案部门总是希望通过自己所传递的数字档案信息给利用者带来一定的效用。而只有那些为利用者所需要的档案信息才能给他们带来效用。既然如此，档案部门就应当慎重地选择那些符合利用者需要，预计能给利用者带来效用的档案信息。

（三）数字档案信息产品开发的方法与产品种类

1. 数字档案信息产品开发的方法

对于数字档案信息产品来说，其开发所运用的方法可以借鉴常见的档案信息分析研究方法。

①比较的方法。即将相关档案信息进行对照，以揭示其共同点和不同点的一种方法。其主要包括同类比较、异类比较、纵向比较、横向比较等方法。

②分类的方法。即按属性将事物区别为不同种类的一种方法。其主要包括内容性质分类、问题分类、时间分类、地区分类等方法。

③归纳与演绎的方法。归纳是指从若干个别事物和现象中寻找共同性规律的方法；演绎是以若干已知的事实为前提，通过归纳而总结出某种一般规律作为结论的方法。

④分析与综合的方法。分析是将概念化的利用者的信息需求分解为各种简单的要素及其关系，然后分别进行研究，找出其中的主要因素及其关系，并以此为依据组织档案信息资源的方法；综合是将与特定利用者的信息需求相关的零散的档案信息资源通过归纳整理，依据一定的逻辑关联、效用关联或形式关联，组成能够反映事物全貌和全过程并能满足用户信息需求的信息产品的过程。

⑤预测的方法。预测是在综合大量数字档案信息资源的基础上，归纳总结出档案信息资源所表征的事物的发展规律，并根据这种规律预测未来一段时间内事物发展趋势的一种方法。预测方法主要包括时间预测法、空间预测法等。

⑥趋势外推法。依据事物在过去和现在所表现出来的规律（即趋势）进行外推来预测事物未来状况的方法称为趋势外推法。

⑦特尔斐法。其又称专家调查法，是按照一定程序向有关领域的专家进行调查，通过定性和定量地综合分析、处理专家意见，以获取事物未来发展信息的一种方法。

⑧文献计量法。即按照数字档案信息内容主题进行计数、分组，以掌握一定时间内相关档案信息资源的分布，进而系统地揭示相关主题在特定时期的科技发展重点或趋势的一种方法。

2. 数字档案信息产品的种类

数字档案信息产品作为数字档案信息进行再开发的结果，具有浓缩性、间接性和适用性等特点。档案信息产品一般可以归纳为目录索引类、汇编类、综述类、述评类、预测类和数据库类等产品。

（1）目录索引类产品

其主要功能是为利用者利用数字档案信息资源提供查询线索和指导服务，如各种数字化的档案目录或文摘等，其实质上是数字档案信息组织的成果体现，也是开发其他数字档案信息产品的基础。

（2）汇编类产品

其是根据特定利用者的需求将相关档案信息汇集起来，加以鉴别筛选，并按一定的体例编排而成的一种档案信息产品。其不仅给利用者提供查询线索，而且提供具体的数据、事实、图样、论文等。

（3）综述类产品

其是针对某一时期某一专题的数字档案信息资源进行较全面系统的分析、归纳，进而综合叙述而形成的一种档案信息产品。

（4）述评类产品

其是围绕某一专题，在对大量相关数字档案信息资源进行总结综述的基础上，进一步做出评价而形成的档案信息产品。

（5）预测类产品

其是在大量综述和分析某一专题的相关数字档案信息资源的基础上，探测和确定某一行业或领域发展动态的档案信息产品。

（6）数据库类产品

其是数字档案信息资源的高级组织形式，是适应现代信息技术发展和档案信息化发展需求的重要形式。其包括目录数据库、元数据库、内容数据库等。

第二节　数字档案数据库建设

数字档案数据库是数字档案资源的组织形式，是将前期"存量数字化，增量电子化"创建成果加以有效组织以供后续开发利用的关键环节。前期创建的成果需要通过数据库建立联系，从而构成一个有机联系的整体，因此在数字档案馆项目建设过程中数据库建设也具有举足轻重的作用。而所谓的数字档案数据库建设就是将需要处理的档案信息数据经合理分类和规范化处理之后，以一定的标准格式存储于计算机中,这需要充分利用数据库技术来对数字档案信息进行合理的组织与加工,进而有利于提高数字档案资源的有序性、完整性、可读性及安全性。

一、数字档案数据库概述

（一）对档案数据库概念的理解

早在1987年,孙淑扬在《档案管理与计算机》一书中就指出:"档案数据库属于文献数据库,是档案自动化的重要内容,它是经过整理组织以机读形式出现的档案信息集合。"

洪漪编著的《档案信息组织与检索》一书认为:"机读档案数据库,简称档案数据库,是以一定的组织方式存储在一起的机读档案数据的集合。这些数据包括档案题名、责任者、来源、页码、分类号、主题词、摘要等,少数包含档案全文。"

杨公之主编的《档案信息化建设实务》一书认为:"档案数据库,从广义的角度讲,就是以特定方式组织起来的档案数据集合。具体地讲,就是为了满足多个用户多种应用需要,按照一定的数据模型将本单位所保管的档案信息存储在计算机中以备使用的数据形式。"

谢波在《理念与范式：档案工作新探》一书中认为:"档案数据库是以特定方式组织起来的档案数据集合,是数字档案信息的组织形式,是档案信息系统的核心资源。档案数据库汇集的数据对象可以是档案目录数据(二次信息)、档案全文信息(一次信息)、档案编研材料(三次信息)或档案元数据。不同数据对象所采用的组织模式,即数据模型及其数据库管理系统各不相同。"

王芳在《数字档案馆学》一书中认为,档案数据库是借助数据库管理系统,长期存储在计算机存储设备内的大量有结构的档案数据集合。

钱毅在《档案管理理论对档案数据库建设的影响分析》一文中提道:"档案数据库是以档案的本体管理为基础,兼顾数据库设计和应用发展的需要,将包括档案实体信息、管理信息、应用环境信息在内的各种类型数据按照特定数据模型进行组织的数据集合。"此文在总结了国内对档案数据库概念的典型描述后,指出研究档案数据库,需要综合把握数据库和档案实践的发展,获得对档案数据库的相对完整的认识。其中在研究数据库时,除了掌握其先进的管理手段和操作方法外,更重要的是要立足档案信息资源的特点,不能片面追求数据库功能而忽视基本的档案需求；同时要关注档案实体管理、档案数据库设计活动和应用环境等档案实践活动的变化以及可能对档案数据库带来的影响。

（二）数字档案数据库建设的理论基础

在建设数字档案数据库的过程中，仅仅依靠数据库理论是不够的。数据库管理系统的数据结构、类型、内容范围等关键要素均必须依靠档案基本管理理论提供的依据来进行保障。钱毅在《档案管理理论对档案数据库建设的影响分析》一文中同时列举了可以作为档案数据库建设的理论支撑的相关档案学理论，具体如下：

1. 档案分类理论

在数字档案数据库建设中，一般是在来源单位层次上建立实体数据库，实际上是将一个全宗（一般是档案室层次）或全宗群（一般是档案馆层次）作为建库范围，同时利用视图、索引等数据库对象对内容实施逻辑管理，使档案管理理论中的"二元主义"得以在数据库建设中融合。

2. 全宗理论

全宗原则是档案实体分类的基本方法，是人们经过理论分析和实证研究之后得出的宝贵经验。采用全宗原则指导档案数据库建设，能够最大限度地维护档案的原始记录性，也有利于数据库的维护工作。

3. 逻辑分类思想

逻辑分类法在数字档案数据库的内容管理中有着非常普遍的应用。档案的实体整理一般按照其形成时的本来面貌去管理，但档案内容信息是极为丰富的，人们对这些内容的需求也是多样化的，但在数据库中我们一般通过有限的基本表来反映档案实体的记录信息。

4. 电子文件管理理论

数字档案数据库建设不能像传统方式那样，在档案文件接收完毕、文件的真实性有案可查的情况下开始数据建设，而是要在第一时间规划完毕，伴随文件生命周期进行动态跟踪，将各个环节需要记录的数据各归其位，构成一个完整的数据链条，为该文件的描述、利用、验证、保存等提供信息。而元数据通过描述信息资源的属性，来识别、评价、追踪资源，从而实现对信息资源一体化的组织和有效管理，即元数据理论可以为档案数据库提供一定的解决方案。

（三）数字档案数据库逻辑划分

数据库从不同角度可以划分为很多类型，具体划分如下。

1. 依据所管理数据的性质分类

具体分为结构化的数据库和非结构化的数据库。结构化数据以行数据为主，它是存储在数据库中用二维表结构来逻辑表达实现的数据，如元数据或目录数据等；而非结构化数据无法用数字或统一的结构表示，如文本、图像、音频、视频等。结构化数据库在数字档案馆项目建设中具有非常重要的作用，因为数字档案馆对信息资源的管理首先是从结构化数据（即目录数据）开始的。结构化数据库与非结构化数据库的关联由业务软件系统来协调，对底层的存储管理则交给操作系统和数据库管理系统来完成。

【阅读拓展】结构化数据库和非结构化数据库的具体种类

（1）结构化数据库

根据数据的关联关系和业务逻辑关系，结构化数据库可分为以下几类。

①基础信息库，包括档案管理常用的基础性数据，如机构、用户、权限、基础编码、档案移交单位、数字化加工外协单位及员工等。

②目录信息库，包括档案目录和资料目录，其中档案目录包括全宗目录、案卷级目录、文件级目录、专题目录、专门档案目录等，资料目录包括书刊、报纸、地图等。

③元数据库，包括按照档案类型分为文书类、照片类、录音类和录像类等的元数据。

④业务过程库，包括电子文件中心业务管理，档案的接收、整编、利用、数字化，音视频档案整编处理、征集、缩微，自定的计划、下达的任务等相关业务过程数据。

⑤业务辅助信息库，包括档案长期存储的鉴定专家库、征集线索库、库房基本信息、库房仓位信息、库房规划信息、存储载体目录、存储备份策略、存储载体索引、检索工具、知识库等。

⑥运维日志库，包括用户操作日志信息、运维过程记录、安全审计信息、系统故障信息及实时监控信息等。

⑦共享资源库，主要存储档案共享资源的注册、审核、管理、发布、控制等业务信息，以及各类共享资源的具体及描述信息，如政策法规、技术规范、共享文件、档案信息网的发布信息及网页内容信息等。

⑧统计信息库，包含自定义及定制的统计报表模板、统计结果、统计临时数据资源等相关数据信息。

⑨电子档案身份证数据库：电子档案身份证就是证明一份电子档案身份的真凭实据，它是一种能够保证电子档案唯一性和真实性的身份证件，也是电子档案作为司法证明的重要依据，就像一个人拥有身份证一样。电子档案的身份证由电子档案身份证编号、档案移交单位名称、电子档案全文数字摘要、电子档案其他核心元数据、档案移交单位数字签名等构成。

（2）非结构化数据库

其主要为档案数字副本和电子档案。其中，档案数字副本包括纸质、照片、录音、录像、缩微胶片、实物、地图等数字副本；电子档案包括文本类、图形类、图像类、声音类、影像类等数据。

2.依据档案业务模式的分类

按此方式，档案数据库可分为狭义档案管理模式、文档一体化模式、办公自动化模式、电子文件全程管理模式等类型。不同模式下的档案数据生成的业务背景、产生方式、数据内容、管理要求存在较大的差异。其中，狭义档案管理模式的开端是档案接收环节，接收登记的数据是其数据库的最初来源；文档一体化模式下，可以将立卷的大量原始信息导入档案数据库；办公自动化模式，可以记录文件流转过程中的原始信息，获得档案在文件阶段的各种管理信息和处置情况等；电子文件全程管理模式则追求在文件生成阶段就获取比较全面的信息，包括各种环境信息、上下文关系、结构信息等。

3.政策文件中的分类

在《建设指南》中，档案数据库主要包括目录数据库或元数据库、内容数据集等。后文会重点阐述目录数据库、元数据库和内容数据库的相关内容。

二、档案目录数据库

档案目录数据库，又称为档案机读目录或档案电子目录，是指借助数据库管理系统存储在计算机存储设备中的档案文件目录信息的集合，它提供档案信息的计算机管理和检索，是计算机环境下用户利用档案信息的指南。

档案目录数据库在库存档案目录中具有基础性地位，是档案信息检索、传统介质档案管理、档案全文数据库建设的前提。档案目录数据库有两种数据来源渠道，但无论哪种渠道，其实质都是运用档案元数据进行档案文件著录的结果。

①把传统介质档案的目录输入计算机进行管理。在数字档案馆项目建设初期，一般先把库存档案目录扫描或录入计算机中，形成目录数据库，实现计算机目录检索，提高实体档案检索的效率。

②通过对归档电子文件的接收，由档案管理信息系统自动将在业务部门形成的电子文件的目录数据捕获提取存入目录数据库中。

为保证档案目录数据库的质量，应当分别按全宗级、案卷级和文件级进行著录。我国档案文件著录的标准主要有《档案著录规则》（DA/T 18—1999）和《中国档案机读目录格式》（GB/T 20163—2006）。

（一）档案目录数据库的设计

构建档案目录数据库，先要设计档案目录数据库的库结构，包括确定档案目录数据库包括哪些著录项目（记录字段）、确定每个著录项目的格式（记录字段的字段类型、字段长度和约束条件等），还要根据目录数据量和用户访问量来选择适宜的数据库管理系统。

①确定著录项目。《档案著录规则》（DA/T 18—1999）主要用于规范传统档案目录的著录标引工作。因此在构建档案目录数据库时常常增加一些新的著录项目。例如，为便于调阅数字化的档案全文，增加"全文标识"项目；为解决跨地区、跨层次数据共享，增加"组织机构代码"等。电子文件的机读目录还要补充相应的元数据，形成完整的档案机读目录所要求的项目。

②确定数据格式。具体规定每个著录项目（记录字段）的数据类型和字段长度。数据库管理系统所管理的数据对象是结构化的，因此必须事先确定档案目录数据库字段的名称、字段类型、代码体系和约束条件等。表 4-1 是江苏省地方标准《文书档案文件级目录数据库结构与数据交换格式》（DB 32/505—2002）对文件级档案目录数据库结构的规范。

表 4-1　江苏省文件级档案目录数据库结构规范

顺序号	著录项目	著录项目在计算机中的表示			
		字段名	类型	字段长度（字节）	允许空	说明
1	分类号	FLH	Char	30	是	
2	档案馆代号	DAGD	Char	6	是	
3	组织机构代码	ZZJGDM	Char	9	否	
4	档号	DH	Char	19	否	
5	电子文档号	DZWDH	Char	12	是	
6	缩微号	SWH	Char	9	是	

续 表

顺序号	著录项目	著录项目在计算机中的表示			
^	^	字段名	类型	字段长度（字节）	允许空	说明
7	题名	TM	VarChar	120	否	
8	文件编号或文号	WH	Char	30	是	
9	责任者	ZRZ	VarChar	60	否	
10	稿本	GB	Char	10	是	
11	文种	WZ	Char	8	是	
12	密级	MJ	Char	1	是	统一使用数字
13	保管期限	BGQX	Char	1	否	
14	时间或成文日期	CWRQ	Char	8	是	要求合法日期值
15	载体规格	ZTGG	Char	12	是	
16	载体数量	ZTLX	Char	12	是	
17	载体量	ZTSL	Int	4	是	
18	载体单位	ZTDW	Char	2	是	
19	主题词或关键词	ZTCVar	Char	100	是	
20	全文标识	QWBSVar	Char	255	是	用于访问全文
21	主办部门	ZBBM	Varar	60	是	多用户环境下用于控制数据访问权限
22	协办部门	XBBM	VarChar	255	是	
23	附注或备注	BZ	VarChar	120	是	

注：Char 为定长字符型；VarChar 为可变长字符型。

③选择数据库管理系统。相比于其他类型的数据库管理系统，关系型数据库管理系统在数据的可靠性、冗余度和一致性方面极具优势。考虑到档案目录数据管理的特点，所选择的档案数据库管理系统应当具有高安全性、良好的开放性、大数据处理能力、操作简便、支持多用户共享以及高性价比和适用性等特征。

④开发档案管理系统。档案目录管理是其最基本的功能，是构成系统的重要功能模块。其应具备以下功能：档案目录数据库的建立、修改、删除；档案目录数据的输入、存储、修改、删除；对档案目录数据的多途径查询（题名、责任者、形成时间、主题词、分类号、文件编号、档号等）、多条件组合检索和模糊查询，并能对查询结果进行显示、排序、转存、打印；对档案类目结构的自由设置，自动按照类目结构对档案目录进行分类和排序，生成、输出各类

目录和备考表，生成并输出各种统计报表；主题词（或关键词）、分类表管理功能，并具有一定程度的主题词和分类号自动标引功能；数据访问控制、数据保护和系统安全保密监控功能等。

（二）档案目录数据的著录、录入

当完成上述目录数据结构和系统开发后，就进入工作量较大的数据著录、录入工作。

1. 著录的前处理工作

在建库时，原始档案及这些档案已有的纸质著录卡片、案卷目录或文件目录要收集起来，并进行初步鉴定，确认其准确、完整和系统。纸质目录中缺失的项目或不规范、不准确的内容要对照档案原件逐个修改、补充齐全。

2. 录入数据的质量管理

一是成立质量督查机构，严格实施质量抽查制度。抽调相关方面的人员组成质量监督组，制定建库各工作环节的具体要求和质量标准，负责对档案目录数据库进行质量抽查、验收。二是加强对建库人员的培训。对参与建库的人员进行档案著录，数据准备，数据录入方法、标准和规范方面的培训，提高其质量意识和安全意识。三是采取一定的技术手段来纠正和防止著录、录入错误。

3. 合理组织目录数据的建库工作

档案目录数据库建设的工作量巨大，仅靠档案馆自身的力量来完成常常力不从心，因此可引入外部力量，将录入工作外包给专门从事数据处理的公司，或者聘用专门的数据录入人员专职从事该项工作。引入外部力量时，必须注意引入模式，合理分工。合作过程中，档案部门要科学分解任务，采取"两头在内，中间在外"的分工模式，即前处理工作和质量验收工作由档案部门负责，而目录数据的录入工作主要依靠外部力量来完成。动用社会力量建库，必须对参与者进行严格的专项培训并保证馆藏档案安全。

（三）档案目录数据库的分类

根据著录对象的不同，档案目录数据库分为案卷级目录数据库、文件级目录数据库和专题目录数据库三大类。

1. 案卷级目录数据库

案卷级目录数据库反映的是库存的各个时期和各种载体档案的基本情况。其主要发挥其对传统档案的辅助管理作用。既然发挥辅助管理作用，那么在案卷级目录数据库建设过程中，应确保案卷目录和档案实体的一一对应，即库存有一卷档案（包括专门档案、音像档案等），就要有一条案卷目录与之对应。

2. 文件级目录数据库

文件级目录是案卷级目录的延伸，是数字档案检索利用的基础，是数字档案馆建设的最重要的数据之一。文件级目录数据采集主要有两条途径：一是进馆单位已经建立了文件级目录数据，应在接收实体档案的同时，将目录数据进行处理后采集到数字档案馆的数据库之中；二是对库存档案进行著录，将文件级目录输入数据库中。文件级目录数据库是档案文件检索利用的主要途径，因此文件级目录数据库的质量对数字档案检索非常关键，也可以说它是数字档案馆建设成败的关键。无论采用哪种数据采集方式，都必须确保数据的准确性。

3. 专题目录数据库

档案专题目录数据库是从档案基础目录数据库中筛选出来的，或者直接著录某些专门档案而产生的具有共性的档案目录数据库，其是数据分析、整合的产物，是档案目录数据库提供检索利用的最佳方式和最有效手段。其应当是文件级目录数据的集合，它通常按照档案资料、照片、多媒体以及人名索引等目录分别组织建立，也可以是上述几种目录的综合专题。通常情况下，专题目录数据库按照以下流程来建立：确定专题名称—分析并列出该专题包含的主要内容—著录或者检索出所有的目录—分析筛选目录—在数据库中标注专题标志或者导出建设新的数据库。

（四）档案目录数据库的质量控制

对档案目录数据质量的控制主要运用双机同时录入和数据质量检查两种办法，具体如下。

1. 双机同时录入法

即利用计算机网络和数据录入系统，由两台计算机同时录入一条文件目录，利用数据录入系统对数据字段的校错比对功能，检查数据录入的准确性。一旦发现错误，则要求重新输入。这种录入数据的办法，优点是数据质量比较高，但是录入速度相对较慢，对设备资源和人力资源造成了浪费。

2. 数据质量检查法

即录入人员各自进行数据录入，然后由质量检查人员进行检查。具体做法是经过一定著录培训的录入人员直接在计算机上进行文件著录，检查人员利用计算机网络和检查程序，随时检查录入的数据。

三、档案元数据库

（一）元数据库的含义

元数据是反映数据属性的数据，是描述或反映档案文件背景、内容、结构及其管理过程的数据。《建设指南》强调，保存数字档案元数据是保证数字档案可靠和可用的一项重要措施。元数据库建设则是按照数字档案元数据采集规范要求建立的，是数字档案资源建设管理的必要手段。而元数据采集的方式主要是通过电子文件或数字档案的背景、结构和管理过程信息自动生成和对其进行适当人工添加而形成。

（二）元数据库的设计原则

关于档案元数据库的设计原则，相关的探讨和表述较多，主要归纳如下。

1. 科学开放性原则

档案元数据库的设计必须在基于数字环境的文件档案运动理论的指导下，总结数字档案资源管理的实践经验，借鉴国内外已有的研究成果，编制出科学准确、简单实用且易于掌握的元数据库方案。同时，该方案的设计还要具有开放性，以适应不同来源和种类的数字档案信息。

2. 全面一致性原则

一方面要对元数据的语义、属性、结构及语法进行规范化的描述，在微观上使元数据标准化；另一方面在元数据库设计过程中，应尽量注意保持与现有的国家标准、行业标准或者其他政府标准、国际标准相一致。例如，目前元数据库建设依据的行业标准是：《文书类电子文件元数据方案》（DA/T 46—2009）、《基于XML的电子文件封装规范》（DA/T 48—2009）和《电子档案基础元数据数据库结构和封装格式》（DB32/T 1893—2011）。

3. 可拓展性原则

由于数字档案馆将要处理的数字资源非常广泛，而各类资源的应用背景更为复杂，当时编制的元数据在该阶段的描述适用于当时的应用背景，故应允许使用者在不破坏已规定的标准内容（如元素的语义定义）的条件下，扩充一些元素或属性值。

4. 互操作性原则

这主要体现在对异构系统间互操作能力的支持，不仅可以为自己的应用系统所操作，而且可以为其他组织或机构的应用系统所操作；不仅可在不同系统实现在同一元数据标准间的数据的传输、交换或转换，而且可以在不同元数据标准间实现数据的传输、交换或转换。

5. 用户需求性原则

制订档案元数据库设计方案的目的是想让档案用户更好和更充分地理解数字档案资源，因此用户需求应作为最高的权衡标准。特别是在结构与格式的设计、元数据项的增加与取舍、语义规则的制定等方面，尽可能地从档案用户的角度出发，增加数字档案管理系统与档案用户间的交互渠道，为档案用户提供多层次的检索体系。

（三）数字档案资源元数据的类别

数字档案资源元数据所对应描述的数字对象集为通用的核心元数据，主要为原生电子档案与数字化档案（文本、图像）元数据。数字档案资源元数据库选取的元数据种类主要有描述型、结构型、管理型和保存型元数据。

1. 描述型元数据

描述型元数据是指用以描述和识别数字档案资源对象的特征、分析其知识内容的数据。该类元数据涉及的元素包括：文件标识、文件题名、文件主题、文件描述、文件日期、语种、文种、覆盖范围、责任者标识、责任者描述、业务标识、业务描述、关系标识、相关实体标识、关系定义、关系时间等。

2. 结构型元数据

结构型元数据是用于确保数字档案资源对象功能正常发挥的技术性信息，主要指相关档案文件的结构或"标记"如何组成在一起，如何在相关系统中显示和发布等。该类元数据涉及的元素包括：档案文件技术环境、存储位置、文件层级、责任者层级、业务层级、实体类型、相关实体类型等。

3. 管理型元数据

管理型元数据主要提供有关数字档案资源对象的存储条件和转换过程相关的信息，目的是满足管理和决策的需要，可有助于检测、复制和备份数字档案资源。该类元数据涉及的元素包括：文件处置、文件权限、责任者权限、业务权限、业务法规依据、档案文件管理历史、责任者行为历史、业务处理过程等。

4. 保存型元数据

保存型元数据主要提供有关数字档案资源对象的保存条件或过程相关的信息，目的是满足长期保存数字档案资源的需要。该类元数据涉及的元素包括：签名、锁定签名、编码等。

在上述元素中，描述型元数据涉及的元素是数字档案资源的核心，具有原始、凭证、真实性的特征，可以用于描述或标识数字档案资源的内容和外部特征。而用户通过这些元素，可以全面了解数字档案资源。而其他类元数据涉及的元素对数字档案资源管理起到辅助性作用，它们主要是在数字档案资源的管理、迁移和利用过程中形成的，并服务于数字档案资源的日常维护和管理之中。

四、档案内容数据库

（一）内容数据库及其类型

内容数据库是指数字档案资源的原文数据集，其信息类型多种多样，通常表现为非结构化数据，不方便用数据库二维逻辑表来表现，如文本、图片、表格、音频、视频等。

《建设指南》中提到，内容数据库是数字档案资源建设的主体，它是通过数据库、数据仓库等技术方法将档案全文按照一定的分类、排序方式排列形成的集合。其中，内容数据一般是通过与目录数据挂接方式来实施有效管理的。随着检索技术的不断发展，将来也会采用其他技术方法对内容数据进行有效管理。对于由电子文件归档形成的电子档案，其内容数据还应与其元数据建立持久有效的联系，并采取一定的技术措施，以防止非法修改，确保其可靠和可用。

档案内容数据库通常按照档案内容和形式特点分别建库，一般可分为电子档案数据库、扫描档案数据库、照片档案数据库、多媒体档案数据库等。数字档案馆项目建设者应按照数字档案资源数量、基础设施设备条件、档案用户需求等建立符合实际需要的档案内容数据库。

（二）内容数据库系统

数字档案馆必须建构功能完备的档案内容数据库系统为海量存储系统，存储的信息可能具有异地发布、异种数据结构等特点。基于此，档案内容数据库系统基本功能应当包括：对不同类型、格式的多媒体档案内容信息的获取、存储能力；独立于内容的数据管理功能；快速跨库访问和查询功能；权限管理功能；网上发布功能；等等。

五、数字档案数据库建设问题与思路

目前我国多数档案馆数据库建设虽然取得一定成绩，但同时还存在着一些无法避免的问题。若这些问题不能有效解决，则势必影响到后期的开发利用。这些问题归纳为：数据库建设缺乏有效的统筹规划，数据库定位不清，数据库设计盲目性大，数据库逻辑结构缺乏规范，数据质量不高等。下文提出的解决思路可以值得借鉴。

①加强数据库建设的规划管理。数据库建设应当由档案事业管理部门提供宏观的指导方针，统筹规划。地方档案部门则根据宏观规划的要求进行详细设计，以实现全局共享为基础，突出特色数据。这样可以建立大范围内协调一致的数据结构，数据库框架设计、数据内容都能得到很高的共享度。

②制定相应的标准规范。档案标准规范的制定要本着"确保数字档案资源格式统一、数据规范、长期可读、便于共享"的原则进行。在实施过程中，应当积极采用国际标准和国外先进标准；一般性的信息处理标准优先采用国家标准，如《文献保密等级代码》（SL/T 200.21—1997）等应当直接采用国家标准。此外为了保证国家文献系统标准之间的一致性，档案工作标准应尽量与图书、情报的国际、国内标准相一致。

③建立标准的元数据库。以著录标准为基础，建立一定范围内的标准元数据库，并以此为基础构成元数据字典。随着档案信息化的深入，元数据字典的建设还应当包括全文和电子文件的元数据项目，为电子文件管理系统的设计提供相应的元数据，实现电子文档的前端控制，从而在根本上解决电子文档接口规范问题。

④建立健全数据库质量控制体系。将数据库视作档案部门的信息产品，通过质量控制体系进行监管，包括数据库设计、建设以及管理活动中主要环节的控制，并制定数据库质量考核指标体系。能够对数据库建设过程中的人、财、物进行审计；对数据收集、录入、备份等各环节提供质检措施，保证数据准确、完整；通过质量考核指标体系对数据库容量、响应时间、查全率、查准率、错误率等进行核查。

⑤加强人才队伍建设。相关人员不仅应具备档案业务素质、规划能力，还要掌握数据库管理的基本技能、标准化知识，而目前这方面的人才是比较缺乏的，需要加强培养力度。

第三节　数字档案专题数据库的建立

档案信息的生命力主要在于能够提供服务的信息资源的数量和质量，而质量更是关键。这就需要档案馆在构建本馆目录数据库、元数据库、内容数据库等库存数据库基础上，进行深入挖掘、加工整理和有序化重组，形成一定的专题数据库，以提高利用者寻找数字档案信息的速度和质量。

《国家档案局中央档案馆关于加强档案信息资源开发利用工作的意见》中

提道:"建立一批直接服务大局的重要专题数据库,不断为社会提供优质的精神文化产品。"总之,建立数字档案专题数据库是档案工作为经济建设服务的一项新措施,是数字档案馆项目介入社会经济建设领域的一种新尝试,也是不断挖掘数字档案资源,深层次开发、利用数字档案信息,发挥其作用的有效方法。

一、数字档案专题数据库概述

(一)数字档案专题数据库的含义

数字档案专题数据库作为档案数据库的一种重要形式,它是以各类档案基础数据库为主要数据来源,通过档案信息管理系统,按照某一专门题材内容编制而成的各类档案数据集合。

数字档案专题数据库与数字档案数据库是两个不同的概念。可以从数据信息、加工目的、收录规模和组织方式等方面,阐述它们的不同。

1. 从数据信息方面

数字档案数据库必须完全忠实于档案实体,而专题数据库则需以档案的真实记录为依据,围绕主题和传播的需要进行挑选、删节、加工。

2. 从加工目的方面

数字档案专题数据库是为了有效揭示并聚集与某一主题相关的、蕴藏在档案文献当中的有价值信息的再组织,而数字档案数据库则是为了提高数字档案管理效率而进行的初步组织。

3. 从收录规模方面

某一档案馆所建设的数字档案数据库限于对馆藏资源的收录和管理,而数字档案专题数据库强调对特定专题档案信息的完整系统整合,为满足对某一主题信息的系统完整收录,不仅仅限于馆藏档案资源。

4. 从组织方式方面

数字档案数据库的逻辑组织模拟档案实体整理按档号排列,而数字档案专题数据库则按档案信息的内在联系进行组织。

【阅读拓展】杭州萧山档案馆的数字档案专题数据库

杭州萧山档案馆以利用为本,建立了以文件级数据库为基石、专题数据库为补充的电子检索体系。专题数据库是萧山档案信息资源建设的重要特色,新农村档案信息资源共享平台提供了新农村专题档案检索,这些平台包括区档案局馆,各涉农部门,各镇街有关农业、农村、农民等方面的目录数据库和全文数据库。数据内容涉及婚姻登记、户口迁移、农民建房、山林延包、职务任免、农村实用人才、农技职称、经济联合社、扶贫、民情等档案信息。数据量已超500万条，能够满足农村用户的基本档案需求。其提供了局域网和政务网两个查询入口。专题数据库的"专"，一方面显示了资源的特色；另一方面使得这些数据库"小而活"，可以适应多方面的需求。另外，基于用户需求产生的专题数据库使得数字档案馆更贴近百姓的生活。

（二）数字档案专题数据库的特点

数字档案专题数据库是一种具有档案编研性质的数据库，是档案编研成果的一种新形式。随着互联网的发展与普及，人们获取和利用信息的渠道与方式发生了深刻变化，数字档案专题数据库也随之呈现出一些新特点：一是具备查询、检索、复制等强大的信息加工与处理能力；二是专题形式多样化，使利用者的范围不断扩大；三是具有快捷、方便、准确的利用效果。

与传统库存数据库相比，数字档案专题数据库主要涉及的是档案信息资源开发方面，具有多元性、系统性、针对性等特点。两者在数据信息、产生过程、目的作用及使用范围等方面均存在着差异，进一步分析如下。

1. 多元性

数字档案专题数据库是跨全宗、多类别的档案数据链接组合。它包括目录数据、图像数据、视音频数据等不同数据形式，有着丰富多彩的数字复合视听效果。数字档案专题数据库能够更为全面、直观地向利用者揭示与编纂主题相关的内容，打破了传统纸质编纂成果只有文字和图片的限制。同时，在来源上，数字档案专题数据库不仅局限于馆（室）藏档案，还可以补充采集、链接相关的数字化材料。

2. 系统性

传统档案管理中，根据档案的专题属性，按照用户的需求来编制档案目录或报道性检索工具，其目的在于系统地揭示馆（室）藏的某一专门题材档案的内容。但数字档案专题数据库不仅是数据库形式的检索工具，而且是档案目录和内容数据一一对应链接、反映某一专题内容的档案数据集合。无论是形式上还是内容上，数字档案专题数据库都具有相对系统性，能够比较完整地揭示和反映某一专题档案的内容。

3. 针对性

与数字档案数据库相比，数字档案专题数据库注重将库存中与专题相关的档案信息提取并揭示出来，为了说明问题，通常需要对专题数据库中的相关数据信息进行整合，更为强调的是"精"和"准"。这样有针对性的开发不但有利于揭示纷繁复杂的馆（室）藏内容，也有利于利用者系统、完整地了解和利用某方面的档案信息，对于有效地开发利用档案信息资源也具有重要的意义。

二、数字档案专题数据库的编制

（一）编制环节

数字档案专题数据库编制的主要环节如下。

1. 分析主题

编制者应当认真分析档案利用规律，了解各级党政机关和人民大众所关心的热点问题，围绕服务大局，结合馆（室）藏档案内容，遴选出有现实利用价值和潜在利用价值的档案主题。

2. 确定专题

在所遴选的档案主题中，结合服务大局、时事宣传和档案利用的工作需要，按照轻重缓急，每年有计划地确定一批具有现实和历史意义的专题，开展编制工作。

3. 采集数据

充分依靠档案信息管理系统，利用"档案专题"编制功能，通过题名中关键词检索、全文内容检索等手段，在海量的档案基础数据库中查找所需要的专题数据材料。在此基础上，通过补充采集一些数据资料，进一步充实和完善数字档案专题数据库的内容。

4. 加工整合

要针对不同的专题数据形式制定统一的数据库字段和数据格式，确保整个专题数据库的规范性、标准性和可共享性，有必要时统一开发相应的建库软件。对于采集到的不同类型数据进行技术加工和整合，不符合规范格式的要进行统一转换处理。

5. 编排整理

对于采集到的专题数据应当进行编排处理，特别是有不同数据形式的，要归类排序。在专题内容审定后，应当编写一个内容介绍，概述该专题数据库的简要内容，并配制一个富有宣传效果的专题数据库封面。

（二）数字档案专题数据库的选题

数字档案专题数据库的选题主要根据地方、库存档案特色和不同时期国家的方针政策及社会需求进行。如一些地方档案馆建立了婚姻档案数据库、破产企业档案数据库、荣誉实物档案数据库、低保困难家庭档案数据库、退伍安置人员档案数据库、城市拆迁档案数据库、劳模档案数据库、残疾人档案数据库、社会保险档案数据库、医疗保险档案数据库、知青档案数据库等，逐步建立和完善了民生档案资源体系。

数字档案专题数据库选题是一个战略性问题，选题确切与否直接关系到建库成败。从实践情况看，选题必须符合社会性、时代性和文化性，应当围绕社会需求特点提炼选题，结合政务信息公开把握选题和突出库存资源特色准确选题等。

①围绕社会需求特点提炼选题。首先，从档案利用领域来分析社会需求。随着信息化建设突飞猛进，社会对档案利用需求日益广泛，呈现出综合性特点。社会越发展，档案利用领域的社会化程度就会越高。一方面反映利用者社会需求的多样化，另一方面也表明档案利用领域的社会化是现代社会、经济建设加速发展的必然结果。其次，从档案利用主体来分析社会需求。从档案利用主体类型看，档案利用需求可分为个体档案利用需求和群体档案利用需求。个体档案利用需求具有一定的针对性和具体性，群体档案利用需求则更具有较强的普遍性和代表性。群体档案利用需求包含着个体档案利用需求，个体档案利用需求反映着群体档案利用需求的某个方面，而群体档案利用需求则更具典型性。最后，从档案馆的利用情况，可以看到近年来社会对档案的利用需求日益增大，其范围已不仅限于学术研究和工作查考，而更多地被用于私人领域，这在全国各综合档案馆呈现出普遍趋势，尤其在县市级档案馆表现得更为充分。

②结合政务信息公开把握选题。从内容看，政务信息包括现实信息和历史信息。对政务实现信息公开，档案部门是开展这项工作的重要力量，但不是唯一力量。而政务历史信息的公开工作则主要由档案部门承担。在越来越深入人心的政务信息公开大环境下，政务信息公开对档案信息开发利用水平提出了更高要求，也为数字档案专题数据库建设开拓了广阔空间。

③突出库存资源特色准确选题。对档案馆而言，库存资源特色是专题数据库选题的核心，也是构筑专题数据库文化灵魂的精髓所在。由于档案是不同地区、不同专业和机关、企事业单位和个人在实际工作中形成的具有凭证参考作用的文字等记录，并按照集中统一管理的原则保存在各级各类档案馆中。因此，

不同档案管理部门所藏档案内容、结构也有所不同，这种差异不仅表现在数量上，而且表现在所含信息内容的独特性方面，以及在长期库存资源建设中逐渐形成各自的库存特色。

（三）数字档案专题数据库发布的主要形式

数字档案专题数据库发布的主要形式如下。

1. 系统查询

提供档案的查询、阅览是档案利用的最基本形式之一，一般情况下，档案馆（室）通过提供档案原件、副本或复制品，满足档案用户利用的需要。

2. 网站发布

档案发布是各级国家档案馆法定的职责与义务，是实现档案信息资源利用与共享的最重要形式之一，档案网站是档案信息资源利用与共享的基础平台，也是数字档案专题数据库发布的主要阵地，通过公众档案网站或政务档案网站等各类档案网站平台，可以及时地将各类数字档案专题数据库数据进行发布，最大可能地满足各级党政机关和人民大众对档案信息资源的共享需求。

3. 光盘发布

将专题数据库加工成光盘形式对社会发布，是档案发布的一种新形式，也是档案数字化成果利用与共享的一种重要形式。

4. 举办展览

举办展览是档案部门主动开展档案提供利用服务的传统方式之一。

三、数字档案专题数据库的质量控制

数字档案专题数据库建设是一项创新性工作，必须对其建设全过程进行质量控制。其中在前期阶段，选题要兼顾客户需求和库存基础，并制定审查制度；在中期阶段，需做到内容编排科学化、信息著录标准化以及人才结构合理化；在后期阶段，应建立相应的质量控制制度，涉及监督检查、人员奖惩、信息反馈和安全管理制度。

数字档案专题数据库的全过程质量控制如下。

①前期质量控制。首先，选题要兼顾客户需求，即由于文化、社会背景、专业特点的不同，不同档案用户的信息需求也不尽相同，因此构建数字档案专题数据库之前，必须对用户需求进行详细研究，熟悉用户的差异性，确定数据库的选题；其次，选题必须考虑库存基础，研究库存档案的内容，了解库存内

容的特色，从而确定反映本库存特色的选题；最后，档案部门应制定审查制度，即建设内容和建设方案在具体实施以前应向主管领导与主管单位申请，在组织有关人员对项目可行性和开发价值进行评议后方可进行，从而控制专题数据库的开发规模和整体质量。

②中期质量控制。首先，内容编排要科学化，专题数据库建设是对档案信息资源的二次开发，需要对原来有序的档案材料进行挑选和有序化编排，使各种信息由隐含到明显，由繁杂到精华，帮助用户解除利用档案信息时不必要的烦恼和困惑，并满足不同用户的不同检索需求和检索习惯；其次，信息著录要标准化，即一个数字档案专题数据库既要有丰富的数据，同时又要保证数据的准确性，因此在信息著录时，要遵循国家认可的著录条例，严格按照条例要求规范著录，对数据质量严格把关；最后，人才结构要合理化，数据库建设是一个很复杂的过程，涉及档案及计算机多个专业，因此在熟悉档案管理的各个环节的前提下，要合理安排团队中的人才结构。

③后期质量控制。首先，建立监督检查制度，即监督检查数据库是否能满足用户的多样性需求、数据准确性的质量以及档案信息价值的实现程度等；其次，建立人员奖惩制度，即在专题数据库建成后，经过专家检查，对水平先进的数据库人员给予物质奖励和精神奖励；最后，建立反馈机制，即及时了解该数据库是否能满足档案用户的需求，检索是否便捷，还存在哪些问题和不足，以便对该数据库进行升级和改进。数据库的安全管理，主要有两个方面：一是信息安全，防止数据库信息被病毒感染或被黑客恶意攻击或由于管理员的误操作而丢失；二是版权保护，要有恰当的加密和保密措施，防止数据库未经授权非法使用或非法复制与扩散。

第四节　数字档案资源的日常管理

2011年1月，国家档案局中央档案馆印发《全国档案事业发展"十二五"规划》，要求档案馆打造"一站式"档案信息资源共享服务平台，为社会提供全方位的档案信息服务。而实现数字档案资源共享的基础则是做好相关档案资源的整合，它也是数字档案资源组织工作的最高阶段。整合的实质是确立数字档案馆各种数字档案信息流的汇聚点，使案信息流实现有序集成，然后再分流导向档案信息流的目的地。

一、数字档案资源整合概述

（一）整合的背景

数字档案资源组织过程中往往面临着严峻的信息资源的集成问题。各类资源和数据库的档案信息分布在不同的服务器，由不同的立档单位生成或由档案馆再造而成，成为各具不同特性的异构数据库。其异构特征表现为数据模型异构、数据结构异构、系统控制方式异构、计算机平台异构、通信协议异构、通信结构模式异构、操作系统异构以及网络的异构。下面以辽宁省为例，分析目前分布式档案异构数据库的现状，可以给我们一定的借鉴。

【阅读拓展】辽宁省分布式档案异构数据库的现状

①电子政务发展与电子文件中心建设。辽宁省省直机关单位中使用的办公自动化系统多由软件公司为各机关"量身定做"，其流程定制、功能模块、数据库类型等都各不相同。而且它们多数有一个共同的特点，就是只负责文件办理，不设置归档功能。这使得系统内部的整体功能设置与档案管理存在着严重的脱节。除此之外，还存在着一部分行业内部统一开发或定制电子政务平台的现象。这种平台系统若想再嵌入归档功能几乎是不可能的。

②档案网站建设。辽宁省省、市两级档案网站的档案新闻和档案查询类栏目由于受到各级档案部门领导的高度重视，发展势头强劲。档案新闻栏目中所涵盖的时事要事集中反映了各市档案工作的发展历程，而档案查询栏目则是为利用者直接提供利用服务的窗口。但是，由于各市网站建设标准的不统一和管理的不一致，致使这部分信息的后台数据库无论在类型上还是在结构上都存在着较大的异构性。而且随着网站服务性的不断增强，其异构程度将不断加深，为网上信息资源的整合与共享带来更多的阻碍。

③档案管理软件的普及与应用情况。全省应用比较广泛的档案管理软件至少有8种。这些软件既有网络版，也有单机版，其异构性烦琐复杂。有的是操作系统的异构，有的是数据库管理系统的异构，也有的是数据库内部表结构的异构，它们之间彼此孤立，各司其职，数据格式无法统一，这对电子档案的移交进馆造成了极大的困扰。

上述现象的解决方法之一就是对前期组织好的数字档案资源进行有效整合，即通过整合以融合异构和分布式的数字档案资源，消除档案相关系统中的"信息孤岛"效应。

（二）整合的对象与模式

数字档案资源整合就是指利用一定的方法和技术将原本离散的、多元的、异构的、分布的数字档案资源通过逻辑的或物理的方式有序地组织起来，形成有效的知识单元或知识集合，以满足用户多元化、知识化和个性化的需求。

数字档案资源整合的对象，可以是围绕某一主题的整合，如为满足数字档案馆用户的特定需求，可以围绕某一专题，整合各种与该专题相关的综合信息资源，建立专题数据库；也可以是围绕某一资源类型的集成，如围绕数字档案馆内各种门类的档案资源，如文书档案、基建档案、会计档案、科技档案等，整合所有的相关资源，满足各具体用户的需求。

参考国内外典型信息资源整合模式，本书提出我国数字档案资源整合模式如下。

1. 宏观整合模式

以独立分散的档案资源单元为对象，通过对归属于不同机构、不同地区、不同行业的资源进行整理、加工、分析、挖掘、控制、表达等一系列操作，实现较广范围内数字档案资源的整合，其直接目的是自下而上、逐级逐层地实现数字档案资源的全面整合。

2. 微观整合模式

以数字档案资源自身为对象，通过对归属相同但类型不同、载体不同、存储方式不同的数字档案资源进行数据抽取、分类标引、建立索引等一系列信息有序化的活动，实现特定范围内数字档案资源的整合，其直接目的是构建管理一体化、资源数字化、服务网络化的数字档案资源管理系统。

3. 横向整合模式

无明显隶属关系的档案机构或相关部门间，通过协商达成合作意见，建立统一的档案管理与协调机构，制定统一的档案管理制度和标准等，实现各自档案资源之间的整合。

4. 纵向整合模式

具有隶属关系的档案机构或相关部门间，通过自上而下的行政力量制订统一的数字档案资源整合计划和方案，实现各自数字档案资源之间的整合。

如果按照整合对象是否跨越档案库存机构来看，数字档案资源整合模式有两类：一类是基于本馆库存对象的整合，如上述的微观整合模式，它属于资源整合的初级阶段；另一类则属于跨越库存机构的整合，如上述宏观整合模式、横向整合模式和纵向整合模式,其中第三种或第四种可以表现为区域性或系统性的数字档案资源整合模式,而第一种则表现为全国性数字档案资源整合模式。

二、数字档案资源整合方法

关于整合方法,有以下四种可供借鉴,详细阐述如下。

(一)关联数据整合法

关联数据与资源整合的联合研究从关系层面入手,探索出了资源之间的关联关系,关联数据凭借着开放、标准和统一的特点在数字档案资源整合领域中占据了一席之地。关联数据的本质是通过定义 URI 规范,使用户利用 HTTP 机制和 URI 机制获取关联化的数字资源信息,其通过"打破封闭环境—减少数据冗余—形成关联访问"三个维度完成数字档案资源关联角度的整合。

①关联数据技术可以为文本类、图片类和音频类等多种类型的档案资源赋予相应的 URI 定位,保证资源数据的一致性,打破封闭的整合环境。

② URI 定位的赋予,不但可以有效解决档案资源孤立、封闭的问题,还可以明显地减少数据冗余。

③挖掘档案资源间的隐形关联关系,实现同一主题资源的高度融合,形成关联访问,提供利用。

(二)内容管理整合法

在数字档案资源整合中应着眼于内容层面,完成结构化、半结构化和非结构化资源的集中组织管理。通过内容管理技术,可以统一数字档案资源的管理标准和访问接口。在内容管理系统的收集系统、管理系统、发布系统和工作流系统之上,融入整合和服务的理念,建立数字档案资源和元数据存储库,最后从数字档案资源的内容发布、全文检索和定制服务等方面为用户提供服务,发挥整合效用。

(三)数字人文整合法

数字人文整合法引入档案资源整合中,注重的是环境层面,主要渗透于内容数字化、数据维护和服务等方面,涵盖了联合目录、结构处理、构建本体、工具开发、提供服务和增值加工等一系列过程。从数字技术维度把握与优化数字档案资源的整合路径,并从人文角度审视和探寻数字档案资源的内容建设,保证二者处于一个动态平衡和相互促进的状态,最后推动数字档案资源的深度整合与转型升级。

（四）数据挖掘整合法

即从基础数据的层面切入数字档案资源的整合工作中去，是指通过一定的算法从大量的档案资源数据中挖掘出所需的隐含资源信息的过程，通常与统计、情报检索和机器学习等技术密切相关。在数字档案资源整合中，数据挖掘能够使深度数据的内容显现，其基于数据仓库，建立"泛关系"的档案资源聚类分类模式，推动数字档案资源整合流程走向精细化。

三、区域性和全国性数字档案资源整合的实践

（一）辽宁省解决异构数据库的探索

以辽宁省为例，其从集成中间件技术和 Web 服务技术两方面入手，在出台一整套技术标准和管理规范的基础上，开发桥接软件工具，建设共享平台，来解决异构数据库的问题，即解决电子文件中心建设过程中的电子文件及其元数据的采集问题，实现 Web 网上非结构化档案信息的集成与发布以及已归档电子文件移交进馆的数据接口问题。通过不同的技术方案，清除阻碍异构数据库相互连接的障碍，使分散在不同区域、不同载体上的异构数据库实现最大范围的资源整合。

【阅读拓展】辽宁省解决异构数据库问题的相关实践

①实现基于电子文件中心建设的异构数据库互访与集成。电子文件中心功能体系建设共分为五个部分。一是通过电子文件前端控制，建立数据采集平台，实现与电子政务系统和办公自动化系统的无缝链接，完成电子政务系统和办公自动化系统生成的电子文件及元数据的自动捕获；二是依据元数据标准对电子文件及元数据进行档案元素的增补著录，完成电子文件的归档及档案信息包的封装；三是建立分级的电子文件控制中心，实现各立档单位档案信息包的接收，完成电子文件信息的集成管理；四是建立电子文件信息发布平台，实现公开数据在党政内、外网上的发布和非公开数据的内部管理，充分满足社会各界需求；五是建立电子文件中心数据甄别及系统安全体系，提供电子文件真实性、完整性和有效性的技术保障措施。

②实现基于 Web 环境档案异构数据库互访。即采用 XML 作为中间交换格式，通过程序代码对 XML 格式文件的访问，实现 Web 环境下异构数据库的解析与数据集成。采用 XML 是因为它是一种对信息可以进行自我描述的语言，能自行定义任意复杂的标记结构，且还具有跨平台的优点。

③采用 RSS 技术实现档案网站资源订阅。其思路源于新闻网站的 RSS 订阅器功能。这种功能方便了用户只需在 RSS 阅读器内订阅自己感兴趣的栏目链接，就可以自动获取该栏目最新的消息。在采用中间数据法实现档案网站信息资源集成的同时，在档案网站的服务器上部署 XML 格式交换文件，而阅读器本身对档案信息发布的过程即采用 RSS 技术原理，对服务器上的 XML 格式文件进行解析的过程，解析采用了 AJAX 技术，用来实现客户端脚本与服务器之间的数据交互。

④实现基于已归档电子文件接收的异构数据库集成。中间件技术的核心是为每两种异构数据库编写一个中间件，此中间件可以根据双方数据库语言的语法，在交换过程中负责事务级的翻译和数据格式的转换。采用这种技术开发的桥接软件，针对不同档案管理软件，在不改变其原有功能的情况下，通过自动挂接完成其数据库格式及结构的标准化转换。

（二）南昌市档案资源整合的做法

南昌市档案局基于打破各级档案馆之间信息资源孤立的壁垒、整合系统内部档案资源、便于档案资源的开发与利用的出发点，开展该市档案系统内部数字档案资源的整合工作。南昌市档案局领导多次在全市档案工作会上强调档案系统内部资源的整合的重要性，并将民生类数字档案目录数据共享情况纳入年终县区目标考核。借助江西省民生档案远程共享利用平台，南昌市各级档案馆一共上传民生类数字档案目录 80 多万条，初步实现南昌市民生类数字档案资源大共享、大利用。

2016 年 4 月 25 日，江西省档案局和江西省信息中心联合印发《关于建设政务外网全省档案纵向业务网与启用区域平台的通知》，决定基于省电子政务外网构建全省档案纵向业务网，建立更加安全、可靠的数字档案馆网络通道与应用环境，为全省数字档案馆建设奠定坚实基础。南昌市档案局已接入区域平台，成为全省数字档案馆中的一分子，实现了与省内各档案馆之间的档案资源共享。2017 年，南昌市档案局将按省馆要求积极上传库存数字档案至区域平台，助推全省数字档案资源建设。

（三）福建省数字档案共享管理的实践

为了加强数字档案资源的整合与共享，福建省结合本省实际，制定了《福建省数字档案共享管理办法》。该办法所称数字档案共享是指数字档案在标准化、规范化并符合保密要求的基础上，在不同层次、不同部门信息网络系统间实现互联互通并向社会提供服务的活动。该办法中与数字档案资源整合有关的规定如下：

①综合档案馆应当构建数字档案网络系统，建设、配备档案数字化设施、设备，基于省市两级电子政务云计算平台，统筹建立数字档案的目录数据库、全文数据库、专题数据库等数据库。

②数字档案管理软件由省人民政府档案行政管理机构组织开发与维护，并无偿提供给档案馆、档案形成单位使用。档案馆、档案形成单位自行组织开发或者采购的数字档案管理软件，或者已在使用的各类数字档案管理软件，符合数字档案共享条件的，应当实现与资源中心相对接。

③各档案形成单位应当建立数字档案共享工作机制，设置共享平台交换接口，基于电子政务网络，实现本单位办公系统与共享平台之间的互联互通。

④全省施行统一的电子文件形成、归档和电子档案标识、描述、存储、查询、交换、网上传输和管理等方面的标准与规范。

福建省在贯彻落实《福建省数字档案共享管理办法》过程中，从三个方面加大工作力度：一是搭建全省共享系统平台，即建设覆盖全省的数字档案共享系统，为数字档案共享管理打造技术平台；二是完善数据库建设，即建设互通互联、开放共享的数字档案服务体系，数据是基础，尤其是七大类涉民档案专题数据库建设；三是推进规范标准制定，扎实推进全省数字档案共享，标准规范要先行，尽快研究制定出各类民生档案数据标准，特别是要总结推广试点单位的标准规范，为基层档案部门推进数字档案资源建设提供保障条件。

（四）全国档案查询利用服务平台的建设

2019年3月，李明华在全国档案局长馆长会议上的讲话中提到，2018年已建设全国开放档案信息资源共享平台并面向社会开通运行，40多家档案馆上传数据102万条，制作发布专题170多个。明清、民国、革命历史3个全国档案目录中心已分别接收各地文件级目录17万条、1042万条、54万条，为在全国范围内实现档案资源馆际共享创造了条件。同时，建设了全国档案业务管理系统，28家副省级以上档案部门已接入运行，初步实现了档案部门间的业务协同。

2019年，国家档案局启动了全国档案查询利用服务平台建设。近期目标是搭建一个尽可能多地容纳各级综合档案馆的网络平台。通过这个平台，把公众的查档需求直接分发到接入平台的各个档案馆，再由各档案馆的工作人员在线受理、反馈利用者的查档需求。远期目标是将全国各级综合档案馆全部接入平台，并扩大可查档案范围，最终实现全国范围内的一网查档，让利用者足不出户即可实现查档需求。

第五章 新时期数字档案信息的开发利用

第一节 数字档案信息利用服务概要

一、传统档案信息利用服务的含义

关于档案信息利用服务的含义有三种表述。广义而言，档案信息利用服务是指档案信息机构的整个业务工作，即所有为促进档案信息的流通、加快档案信息的传播、提高档案信息的利用率、便于利用者获取档案信息所进行的各项活动。由于档案信息机构是一个服务性的机构，因此将档案信息机构的所有工作都称为档案信息利用服务是有一定道理的，但毕竟过于宽泛，不便抓住重点。狭义而言，档案信息利用服务单指档案信息机构接待利用者，直接为利用者提供档案信息的工作。常见的表述是，档案信息利用服务是指档案馆（室）工作人员根据利用者的档案信息需求，组织利用者获取和利用档案信息的工作。

档案利用服务是档案工作发挥作用、实现价值，为社会发展做出贡献的重要途径。传统的档案信息利用服务的内容大致可以分为文献服务和咨询服务两种，具体可分为四种主要方式：文献服务、信息咨询服务、信息定向服务和制发档案证明服务。其中文献服务主要表现为一次文献服务、二次文献服务和三次文献服务；信息咨询服务可分为辅导性信息咨询服务、指引性信息咨询服务、检索性信息咨询服务和研究性信息咨询服务等；信息定向服务则分为定题服务和定点服务。

二、数字档案利用服务的基本要求

《国家档案局中央档案馆关于加强档案信息资源开发利用工作的意见》中"促进档案信息资源利用"提出了我国档案信息利用服务工作的基本要求。

（一）不断充实档案信息服务的内容

国家档案局要依法加大开放档案力度，完善开放制度，定期公布档案；积极开展以已公开现行文件为核心的政府公开信息利用工作。丰富利用方式，简化利用手续，扩展服务范围，改善服务条件，提高服务水平；最大限度地为公众获取政府公开信息提供便利条件。

（二）充分利用网络提供利用服务

加强档案网站建设，充分利用互联网为社会公众提供已公开档案信息、已公开现行文件及其他政府公开信息服务。国家档案局建设"中国档案信息网"，链接各省、自治区、直辖市档案网站，并以此为主干逐步形成全国性、分布式、互联互通的公开档案信息发布平台和查询利用系统。各级国家档案馆要充分利用互联网档案网站，开办档案信息查询利用窗口，提供档案网上检索利用，定期公布开放档案目录和全文信息，主动提供公益性信息服务，最大限度地实现档案信息的社会共享。

（三）构建政府内部档案信息共享平台

充分利用各级党政网，构建为各级党政机关和社会有关部门提供档案信息服务的平台。促进依法暂不开放的档案信息资源在政府内部的共享使用。以行政职能为依据，以应用需求为导向，建立党政机关非公开档案信息交换共享机制和平台。

（四）加强利用场所和设施建设

加强各级国家档案馆利用场所基础设施建设，提供公共阅览场所，配备检索查询工具，确保服务功能的充分发挥。开设展览厅（室），举办档案陈列展览，对公众提供档案教育服务。档案馆的开放档案阅览、陈列展览和政府公开信息利用场所，要设在交通便利、面向公众的区域，为公众查阅档案和获取政府公开信息提供充分便利。

第二节 数字档案利用服务形式的分类

根据《建设指南》的精神、传统档案利用服务的特点及网络信息传播的性质来看，数字档案馆的信息利用服务方式既应有传统信息服务在网络环境下的延伸，同时也应有根据网络特点所进行的档案利用服务方式的创新。下文根据数字档案利用服务的内容、特点和层次，将数字档案利用服务方式归纳为延伸性服务、创新性服务和增值性服务（图5-1）。其中延伸性服务又可分为延伸性基础服务和延伸性社会服务两种。

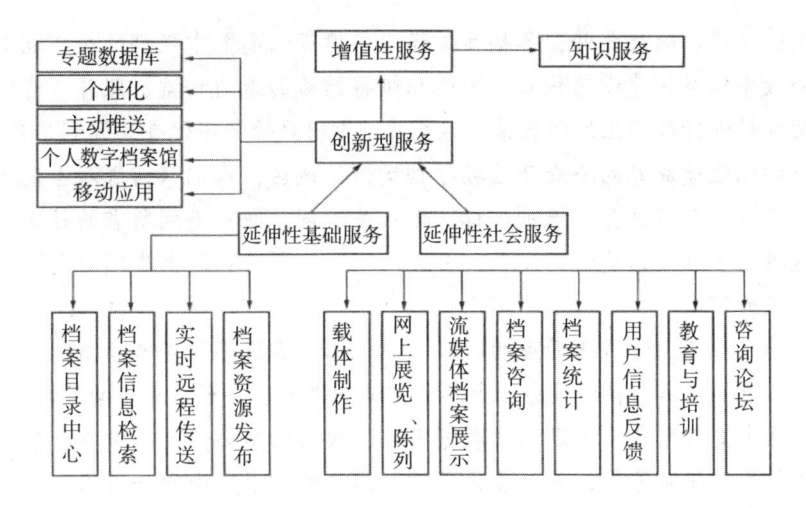

图 5-1 数字档案利用服务体系结构

一、数字档案的延伸性服务

（一）延伸性服务概述

数字档案的延伸性服务，顾名思义，是指从线下环境转移到线上环境中的档案服务。早在非数字化环境下，各档案馆已经能够为社会成员提供诸如档案检索、出具证明、专题档案展览等多项服务。而在数字化环境下，网络的存在使这些服务能够轻易转移到线上环境中，并且打破了时间和空间的局限，使用户获得服务更加容易。我们可以认为数字化的出现并未改变这些服务的本质，而是拓展了新的服务渠道，即用户可以通过线上线下两种途径获得同样的服务，这些服务被称为延伸性服务。

【阅读拓展】数字档案馆实现轻松查档

过去保存的档案通常都是纸质文件，人们查阅档案必须到档案馆才能实现。在非数字化的情况下，用户查阅档案一般会经历一段漫长的过程。据报道，一般人们查档需要出示个人身份证，有些档案查询还需出示单位开具的介绍信，然后填写档案资料利用登记表，随后由档案馆的工作人员手工查档。理想的情况当然是如愿查到了需要的档案资料，但也存在一番辛苦后却发现馆藏档案中没有所需资料的情况。耗费时间精力，白忙活的情形仍时有发生。

然而数字档案馆项目的建设与发展正在逐渐改变这一现象。《建设指南》强调数字档案馆的系统应该能实现档案查询、资源发布、信息共享、开发利用等多种功能。目前我国的数字档案馆建设无不从《建设指南》出发，致力于实现上述功能。除此之外，各档案馆还以《建设指南》中强调的数字档案资源建设为数字档案馆建设的核心，因此积极将馆藏的纸质档案、照片、音像资料等档案资料进行数字化处理后录入数据库，为用户的数字化查询和利用奠定基础。在一些已经建成并向公众开放数字档案馆的地区，人们只需进入当地的数字档案馆门户，敲敲键盘、点击鼠标、输入关键词，即可查到所需的档案资料。而伴随着数字档案馆建设的发展，全民足不出户即可在网上查阅所需的档案资料也将成为可能。

同时在线上和线下开展的服务一般包括：提供档案查阅和借阅（含函电查阅）与简单的参考咨询服务、出具档案证明服务、公布开放档案及其目录服务、汇编档案史料服务、专题档案展览服务、政府信息公开查阅服务、参与或组织档案信息开发服务等，基本覆盖了档案用户的需求。由于一般用户进入档案馆主要都是为了查询调阅所需档案，因此我们认为与这一需求相关的服务属于档案馆提供的基础性服务。在数字档案馆环境下，这些服务包括了档案资源发布、档案检索、下载打印、信息共享等内容，我们将其称为延伸性基础服务。此外传统档案馆也会向社会公众提供一些专题档案展览、简单的参考咨询、档案教育等服务，同时还会向社会公众征求档案工作的相关建议，这些活动具有一定的社会性，是档案查询之外的更加社会化的业务工作。数字化环境下这些服务有了新的表现形式，我们将其总结为延伸性社会服务。

（二）延伸性基础服务

《建设指南》中明确提出数字档案馆应该实现档案查询、资源发布、信息共享等利用功能，而用户访问档案馆的主要目的往往是查询所需的档案，因此我们将与档案查询相关的数字档案馆服务总结为延伸性基础服务。从用户利用的角度而言，这些服务包括了资源发布、档案检索、资源获取、信息共享等服务。

1. 资源发布

用户访问数字档案馆实现数字档案服务的前提条件就是档案资源。如果没有数字化的档案资源，用户不可能如愿查到所需的资料。若资源已经数字化，但没有及时发布到数字档案馆的服务平台上，那么用户仍然可能面临查档失败，因为并没有能够被检索到的词条。因此档案资源的数字化和资源发布在提供数字档案服务中的重要性不言而喻。

由于数字档案馆服务平台的资源发布要以大量数字化资源为依托，因此数字档案馆必须能够提供丰富的数字化资源。档案馆馆藏资源往往十分庞大，包括文字档案、图片档案、音视频档案等多种内容和多种类型的资源，其中民生档案是社会公众尤其关注的领域。实现这些资源的数字化能够为数字档案馆的资源发布奠定坚实的基础。因此数字档案馆需要加快馆藏资源的数字化进程。

然而并不是所有数字化的资源都可以发布到数字档案馆的服务平台上。哪些资源可以发布需要按照可公开文件的密级来决定。数字档案馆资源发布的形式主要有两种,一种是光盘发布,一种是网络发布。光盘发布是指将档案信息复制到光盘中,用户通过光盘实现档案查询和浏览。但是记录在光盘中的资源仍然受到载体的限制,而网络化的社会环境也使用户倾向于频繁使用网络途径来解决问题,因此应该将重点放在网络发布上。网络发布又可以分为 Intranet 网上发布(即通过局域网为立档单位提供档案信息查询)和 Internet 网上发布(即在公众网上公布档案信息)。广大社会用户关注的自然是互联网上的资源发布。数字档案馆会根据不同的密级,主动将经过编辑的相关数字档案信息发布在档案馆服务平台上,并提供浏览、复制下载等功能。由于密级和时效等原因,用户对档案资源的利用存在局限,对此数字档案馆可以建立权限制度,对不同需求层次的用户授予不同的权限,满足部分用户的访问需求。

我国的数字档案馆一般由各地的档案局(馆)承建,主要服务地方需求,因此大多数数字档案馆的资源发布都只提供了中文版本,但为扩大档案馆的影响力和档案利用范围考虑,可以增加英文版资源发布内容或者提供英文版的资源导航。

另外,档案资源发布到数字档案馆服务平台并不是资源发布行为的结束,后续还要持续跟进数字化资源的更新。资源的不断更新和可持续性是数字档案馆长久生存的基本条件,有些资源长期发布后可能存在失效或过时的情况,这就需要档案工作人员能够及时发现问题并及时更新。因此将资源发布到服务平台后,数字档案馆的工作人员需持续跟进相关动态。

2. 档案检索

档案检索是实现档案查询最为关键的步骤,检索入口和检索选择会影响用户的检索质量和检索结果。目前大多数数字档案馆的门户网站都提供基本的关键词检索。但是当用户并不明确了解自己的需求时,这样的检索方法可能会给用户带来较大的困扰,如如何从大量检索结果中筛选出自己真正需要的档案资料等。因此目前数字档案馆更加推崇提供多样化的检索选择,即根据检索项目提供多条件组合查询和多种检索功能(基于概念的搜索、内容挖掘、全文搜索等),以满足用户远程查阅和调用各数字档案馆档案目录、元数据以及全文信息的需求,提供数字档案图、文、声、像信息一体化检索和利用。如果能对检索结果做进一步的筛选或排序可能会使用户利用档案更加方便,可惜目前少有数字档案馆项目能实现这一功能。

青岛数字档案馆能够为用户提供"一站式"检索服务，只要在关键字输入框中输入想要检索的关键词，就可以检索到符合要求的档案信息。青岛数字档案馆的检索选择十分多样，为方便用户检索，主页设置了按照区域范围、档案类别、档案来源、文件文号、成文时间等非常方便的检索途径；提供了各级档案馆依据馆藏档案编制的专题目录和档案馆主动向社会公布的档案原件，用户只需要点击相应按键即可得到想要检索的档案信息。可以阅读全文信息的资源包括已公开档案信息和现行文件等，其他的档案资源只能浏览目录信息，用户可以选择在网上已公开的档案文件中查阅原文，提出预约申请，然后再到实体档案馆查阅所需档案。

与青岛数字档案馆丰富的检索选择相比，北京数字档案馆"开放档案查阅系统"的检索界面非常简洁，除了基本的关键词简单检索之外，高级检索还提供了"单库检索"和"跨库检索"两种选择，以满足用户更加细致的检索需求。用户可以通过"单库检索"选择北京市任一档案馆馆藏的民国档案、中华人民共和国成立后档案、工商税后档案、诉讼档案、获奖人员档案、民国时期金融机构票据与凭证档案等检索需要的案卷和文件，也可以通过"跨库检索"选择多个档案馆检索需要的案卷和文件。部分检索结果可以在线查看原文，但是原文图片上有大量水印，一定程度上影响了档案的阅读效果。

3. 资源获取

人们在实体档案馆查阅档案时，如果有需要可以在工作人员许可的情况下选择摘录、拍照或打印的方式将档案内容记录下来。那么在数字化环境下用户又如何获取这些档案资源呢？数字档案馆提供大量数字化的档案资源，在线打印或下载成为用户得到相关资源的有效途径。

目前许多数字档案馆都提供免费下载服务，可供下载的资源主要包括三类：一是对公开档案信息的下载，包括档案原文、照片等资源；二是对现行文件以及档案工作中相关信息的下载，如下载档案行政管理工作和业务工作中的各种表格，包括优秀档案工作者申请表、参加档案培训申请表、档案查询登记表、预约登记表等；三是与档案工作有关的工具软件的下载，如国家档案局推广使用的档案管理软件等。第三类工具软件主要是档案工作者使用，因此普通用户更加关注前两类资源的下载情况。当然并不是所有数字档案馆的档案资料都提供下载服务，有些档案馆的部分档案只提供在线打印服务，如天津档案网公开的一些档案原文只有在线打印选项而没有下载选项，但是档案原文上水印过重，可能影响用户的利用体验。

当用户的查询目的比较简单且查询的档案属于开放档案时，或许可以通过上述自助式服务顺利获得需要的档案资源；然而当查询目的比较复杂、需查询非开放档案或对需要查询的档案资料不甚了解时，自助式服务也许无法取得理想的结果。这个时候面向公众开放的由档案馆员工提供的网上查档服务就显得尤为可贵。例如，在整合全省各个地市的档案资源后，浙江档案服务网为注册用户提供了这样的网上查档服务，注册用户可以申请查询全省国家综合档案馆已接收进馆的婚姻登记档案、移民档案、知青档案、企业职工档案、土地承包登记档案、山林承包登记档案等涉民档案，以及各类馆藏列入开放范围的档案。用户需要在线通过查档登记填写《查档登记单》，描述清楚自己的查档目的、查询档案类型和查档内容，选择受理查档业务的档案馆，然后保存提交，一般可以在两个工作日内得到查档结果的书面回复。

浙江档案服务网目前的书面回复方式包括到馆自取、电子邮件发送、挂号信寄送、EMS寄送等，其中寄送服务需要用户承担运费，这便引入了数字档案馆的收费服务。虽然用户需要付出一定的成本，但是对于远在外地又急需获取档案资源的人来说，这种方式比起辗转赶到本地查询仍是相对经济便捷的。这种收费服务不仅拓展了数字档案馆的服务类型和服务形式，也在一定程度上降低了社会公众的查档成本，使人们足不出户便完成了查档业务。这种成本的降低可能推动数字档案资源的进一步开发和利用。不过值得注意的是，网上收费功能往往需要与相关行业合作才能实现，且主要用于向社会开放的大型数字档案馆。

4. 信息共享

传统环境下，各档案馆的馆藏资源由于受到载体和空间的限制，馆际之间的信息共享往往较难实现，馆际文献传递虽然能够共享信息，但是会耗费长久的等待时间，不利于档案资源的利用和扩散。数字化的环境则为这一现象带来转机。借助互联网技术，各个档案部门的数字档案馆能够在网络世界实现互联，通过网络实现实时的档案信息共享，这对用户查阅档案而言是一个极大的便利，用户可以通过网络足不出户地实现跨馆查询。

目前用户对数字档案馆信息共享服务的利用主要有两种途径。

①数字档案馆在互联网上共享信息，用户通过搜索引擎强大的搜索功能实现档案查询。搜索引擎是目前互联网信息检索中应用最广泛的检索工具，具有方便易用、功能强大、检索速度快、检索范围广等特点。数字档案馆是通过互联网向社会公众开放的，也就是说通过互联网提供了信息共享服务，因此搜索引擎能够从茫茫网络数据信息中检索到有关档案信息。但是检索具体某个领域

的资源时搜索引擎又表现出专业性不强、知识不精确、查准率不高等不足。所以具体针对档案查询检索来说，搜索引擎并不是理想的检索方式，很多情况下即使查到了相关数字档案馆网站的档案网页也无法阅读真正的档案文件。

②数字档案馆基于档案馆门户网站及网站群共享档案信息，用户通过这些门户网站或网站群实现档案信息查询。这也是目前应用最为普遍的模式，用户能够获得专业且系统的服务。但是单一的数字档案馆馆藏资源有限，不能很好地满足用户的查档需求，因此网站集群就比较重要了。在我国不同等级档案部门之间存在业务合作关系，高一级的数字档案馆一般会整合下属单位数字档案馆的资源（如省档案馆网站整合省内各市数字档案馆的资源），实现馆际信息共享的同时加强统一管理。这是网站集群的一种方式，这样共享的档案资源就远远超过了一馆范围，方便用户实现跨馆查询档案。如青岛市的数字档案馆整合了辖区内各区市档案馆的档案资源。上级档案部门可以集中整合下级部门的资源，用户可以在一个入口实现跨馆查询，节省了时间和精力，这是实体档案馆难以实现的优势。

（三）延伸性社会服务

传统档案馆除了服务政府机关以及专业人员外，也会开展面向社会大众的档案服务，如对馆藏档案进行编研并举办专题档案展览、挖掘档案信息提供简单的参考咨询服务、面向社会公众开展档案教育服务等。同时档案馆还会向社会公众征求档案工作和档案服务的建议。相较于档案查询，这些活动面向更加广泛的社会群体，服务内容也更具有社会意义。在如今数字化环境下这些服务同样拥有了新的表现形式，我们称其为延伸性社会服务。

1. 网上展览

著名档案学家威尔弗雷德·史密斯曾说过："普及档案材料常用的方法是举办展览。"档案展览历来是档案提供利用的重要形式，伴随着社会的发展和科技的进步，档案展览的类型、方式、内容不断呈现多样化、丰富化，为用户走近档案、了解档案、利用档案提供了更多的有效途径。网上档案展览可以利用各种先进的技术，将档案以图、文、声、像等结合的形式生动形象地呈现给公众，是数字化环境下的新产物，是档案工作与先进的信息技术有机融合的结果，也是未来档案展览发展的必然趋势。网上档案展览以不受时空限制、表现生动形象、灵活性强、边际成本递减等特点不断彰显着自身的优势；同时借助互联网的展览形式还具有受众多、影响广泛、随时方便人们登录阅览等特点，因此深受社会公众的欢迎。可以说网上档案展览不仅可以实现传统档案展览的功能，还能够促进档案的宣传工作，增强公众的档案意识，为公众走近档案、利用档案奠定了坚实的基础。

【阅读拓展】部分国家档案馆网上展览概述

①美国。进入美国国家档案馆的网站，在"研究我们的记录"（Research Our Record）中的二级导航栏里就能找到"在线展览"（Online Exhibits），其中分为"特色展览"和"更多的在线展览"两个模块，"特色展览"包括三部分，分别是"发现和恢复：保护伊拉克犹太人遗产""权利文件""乔治·华盛顿的国会行为"，更多的在线展览中共有43个展览，如国家档案馆的实践、旧金山大地震和火灾、美国最初的展览、政府对美国人民饮食的影响、杰拉尔德·鲁道夫·福特的历史照片、战争中的人类、令牌和珍宝等。

②英国。进入英国国家档案馆，在"探索我们的记录"（Explore Our Record）中找到"在线展览"（Online Exhibits），展览共有64个，是以视图列表的形式展现出来的，并且可以选择视图的横纵向；展览的排列顺序可以按照历史时间或者字母顺序，便于浏览者查阅；内容主要包括：黑人在英国的历史记录、第一次世界大战、阿金库尔战役、波蒂略的国家秘密、泰坦尼克号一百周年、镜头下的非洲、镜头下的亚洲、镜头下的澳大利亚、镜头下的美国、奥运会和残奥会、维多利亚时代、人权、废除奴隶制等。

③新加坡。进入新加坡国家档案馆的网站，在"网上档案"（Archives Online）中就能找到"展览"（Exhibitions），展览主要分为五部分："带刺铁丝网背后的颜色""风中颜色：老希尔街派出所回忆录""印度国家军队的历史之旅""泰国新加坡友谊之歌"以及"新领域创造力和知识的三维虚拟"展览。

目前我国许多数字档案馆网站都设有"网上展厅""在线展览"等栏目，将过去在线下展开的展览搬到网上。对网上展览的调查显示，展览内容主要分为专题类和档案珍品类。

①专题类。专题主要涉及地区历史沿革、文化风俗、民间艺术、人物事迹、景地、党建工作情况、当地档案事业发展进程等，内容丰富，领域广。有涉及本地发生的大事件；有周年纪念类专题，以历史上发生的重大标志性事件为线索，如为纪念中国共产党成立100周年，浙江省档案馆推出"百年恰是风华正茂——档案里的初心故事"、浙江广播电视集团与中国美术学院联合主办"光影不惑——我们的四十年"影像展、浙江广播电视集团等联合主办"浙江广播电视70周年成就展"等。

②档案珍品类。天津档案信息网的珍档展出的"人民解放军天津市军事管制委员会布告""李鸿章为俄国增设通商市场事的札文"等，能凸显档案馆的特色和馆藏实力，对访问者的吸引力较强。

然而现在许多数字档案馆的展览仍然停留在将传统展览中的图文资料上传到网络环境中，对声像技术的利用并不充分，也没能够深入挖掘网络环境下档案展览的潜力，这样的展览与传统的档案展览相比，只有展出的载体和形式发生了改变，但在实质上却没有任何区别。可喜的是已经有部分国内数字档案馆开始挖掘网络档案展览的可能性，将图、文、声、像等技术进行有机结合，将网上展览打造成一场视听盛宴。

【阅读拓展】绍兴市档案局陈招娣生平事迹展览

绍兴市档案局数字档案馆举办的陈招娣生平事迹展览突破了一般的图文展览模式，结合了多媒体、3D技术等多种展览技术和手段，构建成场景式的数字化展览。整个展馆场景自动旋转，点击图片或展台上闪动的图标可以阅览具体的图片或文字报道，还可以从多角度查看获奖奖杯的实物图片。这个数字化展览提供了语音介绍，温和的语音讲解伴着轻松的背景音乐，用户会有一种身临其境之感。同时屏幕下方还为用户提供了关闭讲解、关闭音乐、关闭场景旋转功能等选项。用户可以通过左下角的场景选择自由切换感兴趣的事迹内容，场景分享则提供了将该专题展览外链到其他网站的途径。这样的网上展览已经不仅仅是图片和文字的结合，而是实体展馆的立体化呈现，反映了数字化手段与档案展览的高度结合。比起单纯的图片展或文字展，这样的展览形式既能够起到档案宣传和教育的功能，还能够为用户带来休闲娱乐的体验，这也应该是未来网上展览的发展趋势。

作为传统档案展览在数字化环境下的发展，网上展览仍有很长的一段路要走。成功的网上展览首先应该有充实的内容。对此，各档案馆力图展现本馆的特色馆藏，专题展览要服务本地区政治、经济、文化的发展，强化对馆藏资源挖掘的深度与广度；其次要重视内容与技术的结合，将各种技术运用于展览之时应更加强调"有机自然"，更加灵活广泛，真正实现先进的信息技术"为我所用"，从根本上服务于展览效果的提升。

2. 网上交流互动

传统环境下档案用户和档案工作人员的交流互动往往是通过面对面的交互实现的，用户可以向工作人员咨询问题，也可以对其服务进行评价和反馈，还能向工作人员提出一些建议。可以说交流互动在传统档案馆工作中有着十分重要的作用。虽然通过互联网访问数字档案馆的用户失去了与工作人员进行面对面交流的机会，但是网络环境也提供了新的交流和互动方式。网络传播的互动性本身就是网络的一大特点和优势，网站的互动功能也是评估一个网站建设的重要指标之一。因此数字档案馆有必要重视网上交流互动功能的实现，提升档案服务工作水平，吸引公众参与档案建设工作，扩大档案工作的社会影响力。

在经历早期档案网站建设的摸索后，现在大部分数字档案馆都十分重视网上的交流互动服务，主要标志是大部分网站提供了交互渠道，且互动性栏目逐渐增多。目前我国数字档案馆的互动方式主要有信箱邮件、咨询投诉、留言、网上调查、社交媒介、意见反馈、网络直播等几大类。信箱邮件以电子邮件（E-mail）的方式，如领导信箱、公众信箱等。咨询投诉可以在在线咨询、专家咨询、投诉举报栏目进行交互，也能以电子邮件的方式展开互动。留言主要是利用用户留言服务表达用户的使用感受。网上调查主要针对一些网站关心的话题对网民进行网上在线调查，如在线评选等。社交媒介是网络环境下的新产物，早期以论坛和博客为主，现在则以微博、微信等微服务为主。意见反馈则是用于征集用户的使用反馈，这是一个非常重要的环节，它不仅能促进档案馆改善服务，而且能为用户提供更加深入的档案信息服务。用户的反馈可以是多方面的：对网站视觉上的评价、对登录页面的感受、对检索工具的评价、对服务内容的满意度以及他们的希望和建议等。根据这些反馈信息，数字档案馆工作人员可以再结合用户信息需求模型，更好地挖掘用户需求，提供更具针对性的服务，同时也能改善数字档案馆的服务现状。网络直播是档案馆开展档案服务进行档案宣传的一种全新互动方式，如2017年陕西省档案局就对《长征长征——红军长征到陕北》主题展进行了网络直播。直播以"从解密档案看红军是如何走出苦难迈向辉煌的"为主题进行讲解，省档案局副局长赵万吉在采访中回答了长征为什么最终落脚陕北，以及长征主题展的现实意义。时长达45 min的直播一经推出，立即在网络上引起了广泛关注。陕西省档案馆与西安电视台联手打造的"互联网+档案"直播，探索出了档案宣传的新途径，创新了档案宣传手段。

尽管针对不同需求的用户提供了多种形式的交流和互动方式，但是数字档案馆交流互动服务的实施并不十分理想，有些数字档案馆存在互动流程繁杂、链接老化及回复滞后等问题，影响用户的交互体验，对此档案馆网站首先需要简化互动程序，对于一般性的咨询、留言等要允许用户匿名浏览和直接发言。并且在用户参与互动的过程中，要进一步允许直接参与，不应该设置各种强制要求提供姓名、邮箱和电话等真实信息的互动障碍，还要缩短网站管理人员的审核时间，保证在提交后能够马上将互动的具体信息内容等刷新出来，提高档案网站互动效率。其次针对一些档案馆网站要求注册会员才能参与互动的情况，要简化注册程序，或者可以通过区域档案馆网站整合的手段，达到"一次注册，多方通用"的目的；也可以采用第三方合作用户直接登录的手段，如借助腾讯社交工具QQ、微信等安全性软件。大大削减注册手续，是有效提高网站互动效率的重要途径。另外对参与在线调查的用户、网站活跃用户以及贡献度较高的用户给予一定奖励，如赠送小礼品等，吸引用户主动参与到互动中来。

3. 参考咨询服务

参考咨询服务历来是档案馆信息服务工作的重要内容之一，是满足利用者需求的一种有效的智力服务方式，实质上就是档案馆工作人员向使用档案或者探索知识等方面的用户给予必要帮助的活动。它以协助检索、解答咨询和专题档案报道等方式提供事实、数据和档案线索，其内容主要包括指导利用档案、提供咨询服务、编制档案目录等。传统参考咨询服务主要以库存档案为基础，针对用户提出的咨询问题，利用手工方式，通过个别解答提问，向用户提供档案、档案知识或档案线索，其服务范围仅限于向用户提供档案信息或解答有关如何利用档案等方方面面的问题。

然而随着现代信息技术和网络化的迅速发展以及数字档案馆的建设完善，档案的参考咨询服务也开始从传统模式走向网络平台。网络环境下的参考咨询服务在服务对象上超越了馆内"用户范围"，在检索系统方面也突破了"库存"局限，在服务合作方式上大大突破了传统参考咨询的范围，不仅可以解决传统咨询服务主要解决的实时性问题，还可以处理课题检索、定题服务、全文传递等深浅不一的咨询问题。利用现代科技和互联网的优势，网络参考咨询能够提供高效、深层次、多样化的服务。目前数字档案馆的参考咨询服务可以利用各种传统的和现代化的服务手段，包括面对面、电话、来函、电子邮件、留言表单、BBS及各类在线实时交流软件等，实现档案馆员和用户之间实时与非实时的交流，解决用户在寻找档案及相关信息和知识过程中遇到的各种问题，帮助用户更好地利用档案馆的库存资源，找到所需的档案信息。具体的服务方式有以下几种。

（1）非实时网上咨询服务

这种服务方式中咨询服务的提供者与接受者之间不发生实时的动态"接洽"，虽然有时一些服务的提供方会定时地更新其服务内容，但主要服务方式没有改变。其服务内容包括查档须知、库存介绍、档案工作动态、常见问题解答等；电子邮件服务也是非实时咨询服务的一种，用户通过邮件阐述问题，馆员通过回复邮件提供建议。但是这种服务方式时效性差，不能实时交流，这就导致当用户不能准确表达自己的问题时，咨询人员无法真正理解用户的需要，结果影响用户的咨询体验，不利于数字档案馆咨询服务的开展。

（2）基于实时交互技术的咨询服务

针对非实时网上咨询服务的种种缺点，可以进行实时交互的咨询服务，如网络会议（Video Conferencing）、网络呼叫中心（Call Center Technology）和网络聊天室（Internet Chat）等服务形式，这种实时服务不受时空限制，可以开展全天候服务，并且在服务过程中，用户和咨询人员可以对所咨询的问题进行实时交流，咨询人员明确用户的信息需求，从而有针对性地为其提供档案信息。

（3）网络合作化的咨询服务

网络的一个重要特征就是可以实现资源共享，可以通过网络互联扩大可供利用的档案信息资源范围。这种服务方式将两个或更多的档案馆联合起来，形成一个服务网络，网络中的各个数字档案馆可以实现资源共享和优势互补。同时在网络合作化的情况下，参考咨询的馆员是分布的，这有利于打破地域限制，实现任何的咨询服务。而且由于合作网络中各馆成员遵循同样的服务协议和服务质量要求，能够形成集团优势，扩大服务的影响力，而参考咨询的馆员之间的协同工作有助于改进服务策略，更好地满足用户的需求。

4. 档案教育

档案馆一直以来也承担着文化教育功能，数字化环境使档案实现教育功能有了更多新的途径。《建设指南》中提出数字档案馆应该能够为档案管理者和利用者提供在线交流平台、远程指导、远程教育。因此数字档案馆有义务在网络环境下继续提供丰富多彩的文化教育服务。而在《全国档案事业发展"十三五"规划纲要》"深化和拓展档案利用服务"中的"提高档案公共服务能力"提出档案馆要开展普及型教育。档案网站教育服务就是以档案网站为平台，以档案信息资源为基础，按照一定的信息组织方式，有针对性地为档案工作者和一般社会公众提供专业教育、文化教育和爱国主义教育等的一系列教育服务，它应当成为数字档案信息服务拓展的重要内容。

【阅读拓展】美国和英国档案线上文化教育活动的进展

①美国。20世纪90年代美国就已开始基于数字档案资源开展各种形式的教育活动，并且美国国家档案馆还与相关教育机构合作共同开发档案教育资源。截至2016年年底，美国档案网站的档案教育资源总量十分庞大，可供利用的重

要档案教育材料达 8781 件，访问量较之 2015 年增长 13%，单就 iPad App 这一端口的资源下载量就高达 593020 次。2016 年夏，美国著名的档案教育服务平台"档案教学"网站被重新设计并上线了全新的应用程序。国家档案基金会资助了大规模的第一次世界大战、第二次世界大战影像档案数字化工程，力求增加公众对这些数字档案资源的浏览量和创造性利用，向民众传达和平与反战的思想理念。共计有 75000 张照片档案被添加到国家档案馆的在线目录，356 卷影像档案（共计 67 个小时的播放量）被上传至视频网站，吸引了 800 名公民来参与影片的转录并为无声电影做标记。

②英国。2010 年英国国家档案馆被英国教育和研究网组织授予"2010 年学校视频会议课程最佳内容提供者奖"。英国国家档案馆依托其丰富的数字库存，对档案信息资源进行了全方位、多角度的整合加工，并通过该档案馆网站的"网站教育"专栏向国内外读者提供多种多样的数字档案在线学习内容，包括数字主题馆、专题讨论、历史导览、虚拟教室、影视动漫等多种媒体形式。以数字主题馆为例，定期更换并展示热门的或重要的主题，如《末日审判书》（Domesday Book）之历史文物、《你认为你是谁》（Who Do You Think You Are History）之家族档案追溯、《罪与罚》（Crime and Punishment）之档案文化、《亚洲透视》（Asia Through a Lens）之世界之旅等。其中，《末日审判书》是该馆数字档案教育增值最成功的案例之一。针对不同的教育用途，该档案馆编写了简要易懂、适合教师与学生阅读的《末日审判书》教学网页，还设计了一个简单的打地鼠式小游戏，通过角色扮演与游戏互动的手法，让小朋友能够轻松地了解到《末日审判书》的内涵，也增加了小朋友在未来持续针对《末日审判书》进行学习的机会与可能性。

数字档案馆的教育功能有两个方向：一是针对访问数字档案馆进行档案查询的用户展开的档案知识和档案利用方面的培训教育；二是面向社会大众的社会文化教育。后者其实是在对档案资料进行整理、编研、挖掘之后实现的，提升了原始档案的价值，属于数字档案馆的增值性服务，具体将会在增值性服务内容中展开。因此我们将本部分数字档案馆的教育功能限定为档案馆提供的档案相关的教育。

档案馆属于科学文化机构，对应的数字档案馆也表现出一定的专业性。因为档案工作者对档案工作的业务流程十分熟悉，所以访问网站检索查询存在的困难较少。但是普通用户并不具备相关的专业技能，不同用户之间又存在文化层次、档案知识上的差别，使用时难免会遇到各种困难。因此数字档案馆应该为普通用户开辟这样的栏目，用通俗简明的语言和具典型性的示例帮助网站用户了解档案和档案工作的基本知识，使他们快速掌握基本的检索方法和技巧，从而方便其更准确地查找所需档案材料。另外可以针对中小学生设计一些生动活泼的档案知识学习小软件，从小培养他们的档案意识，促进档案资源的开发利用。

有关调查发现，我国档案网站呈现的教育资源涉及法律法规、政策、标准，档案知识百科，数字出版物等。而采用的主要教育形式有：包括文本材料、视频资源和网络教育平台在内的业务培训；主要以图片展为主，个别运用视频、音频、三维的网上展览；网上论坛；如"图片直播"和"文字实录"的在线讲座和访谈。涉及的主要教育内容有：包括岗位培训、继续教育等在内的档案专业教育；地理历史文化教育，如天津档案网的"方言建档"；爱国主义教育，如黑龙江档案信息网"档案文化"的日本侵华罪证专题档案等。但该调查也发现了教育内容建设不平衡、主题设置普遍化、教育特色不足的问题，所以档案部门应重视发挥爱国主义教育基地功能，平衡专业教育、文化教育与爱国主义教育内容设置。在特色主题选择上，与时下热点相结合，选择有价值的主题，如国防教育、国家安全教育等。在特色内容挖掘上，可充分结合各地历史状况和经济社会发展特色，开发可利用的特色教育资源，打造教育特色专题素材，并建成档案网站特色教育内容。

但是一些国内数字档案馆门户网站并不存在独立的栏目用于指导用户成功访问网站。青岛档案信息网和北京市档案信息网都设有"教育培训"或"教育科研"栏目，但收录的条目多为档案专业从业人员服务，帮助用户迅速学会如何访问数字档案馆的条目分散在各个栏目里，如来馆利用、网上查档、局馆指南等，不利于用户学习。深圳档案信息网中档案利用教育相关的信息同样比较分散，但是提供了包括文字描述、流程图展示、疑难解答等一系列服务来帮助用户迅速掌握利用数字档案馆的方法，这一点值得其他数字档案馆项目借鉴。

二、数字档案的创新性服务

（一）创新性服务概述

互联网改变了现代人的生活方式，人们越来越依赖利用网络解决遇到的问题，因此档案机构必须重新审视网络环境下数字档案馆利用服务的方法和手段并对其进行创新。创新是我们这个时代的精神，是促进各项事业发展并使其获得无限生机、永葆活力的源泉和动力。

网络为档案服务带来了新的可能性，许多传统环境下档案工作没做到、做不到的服务在数字档案馆中都成为可能。这些传统环境下无法实现、由互联网和数字化的发展而衍生出的新的服务类型就是创新性服务。数字档案馆的创新性服务可以使档案利用服务的方式更加多样化，使档案服务层面更具延伸性，使服务范围和职能较之先前更广阔，从而使数字档案馆可以适应新形势变化，进而提高数字档案馆网站的服务水平。

根据开展服务的媒介不同，我们将创新性服务具体划分为三种类型：基于数字档案馆网站的创新性服务、基于社交媒体的创新性服务和基于移动设备的创新性服务。

（二）网站的创新性服务

1. 个性化服务

不同的用户对数字档案馆的要求不同，使用资源的侧重点也不同，因此有必要针对不同的用户提供个性化的服务。个性化服务就是通过收集用户信息，构建用户模块，分析用户的知识结构、信息需求、行为方式和心理倾向等，有针对性地为具体用户创造符合个性需求的信息服务环境，为其提供定向化的预定信息与服务，并帮助用户建立个人信息系统。个性化服务体现了以人为本的理念，提供用户真正所需要的信息。常见的服务内容包括个性化推送、个性化定制、个性化信息检索等。

数字档案馆的个性化服务是一种用户驱动的可定制的信息服务，是指以网络为依托，以用户为中心，围绕用户的兴趣、爱好、习性、专长等个性需求而开展的动态的特定信息服务活动。其服务宗旨是尊重档案用户的需求和选择，体现用户之间的区别，并据此提供针对性强的信息服务。

个性化服务的核心是信息的定制和推送，其是依靠相应的技术手段来实现的。基于数字档案馆的个性化服务系统，核心结构是推送服务器。推送服务器主要完成对用户的导引、用户模型的形成以及用户兴趣的抽取分析等过程。

（1）主动推送服务

数字档案馆在利用信息推送技术以及捕获用户基本信息的基础上，从技术上主动锁定一批特定用户群，形成用户模型，掌握用户的兴趣偏好，及时主动地向用户提供感兴趣的档案信息、专题等。

（2）个人数字档案馆

个人数字档案馆是数字档案馆利用计算机网络、人工智能等诸多信息技术，获取并分析各个用户的背景、习惯、偏好和要求，从而为不同用户提供充分满足个体信息需要的一种集成性服务。它包含了理念和技术两个方面的内涵：一是个人数字档案馆体现了一种全新的档案馆个性化服务理念,针对用户之间不同需求的差异而产生,为每个对象提供的服务均具有不同的个性特征;二是个人数字档案馆体现为一种先进的服务手段,即一对一服务。一对一服务是现代信息处理、通信和网络技术在个人数字档案馆中的综合运用,这些技术手段相互之间的配合具有"量体裁衣"的特点和功能,能够为个人数字档案馆的实现提供良好的技术支持环境。

个人数字档案馆的主要特征表现在以下两个方面:一是服务内容时时保持动态更新,其服务模式不再以资源存贮为中心,而是以用户为中心,随时根据用户需求的变化更改服务内容和服务项目的设置,在动态服务中实现对不同对象的个性化服务;二是服务方式贯穿了主动服务精神,以推送技术为基础,个人数字档案馆能够主动为用户提供服务咨询、提出检索策略建议,甚至根据用户的个性化特征,智能化地帮助用户搜集可能需要的信息资源,并直接提供最终产品。

个人数字档案馆具有用户基本信息获取、访问历史和检索历史记录、需求信息挖掘等功能,并能将用户同档案信息资源关联起来,通过用户与档案之间、档案与档案之间、库存资源与虚拟资源之间的关系,体现出更多信息和知识之间的内在联系,最大限度地满足用户需求。

2. 政府信息公开

政府信息公开是指行政机关通过公众便于接受的方式和途径将其利用公共资源、在行使公共权力过程中所获取的信息和情报(法律命令应予保密的除外)公之于众,允许公民、法人和其他组织通过查询、抄录、下载、复印、阅读等形式了解、掌握和保存这些信息。实际上,政府信息都要落实到相应的现行文件上,所以,政府信息公开从某种程度上来说就是已公开现行文件的利用。开展已公开现行文件的利用工作,是档案工作为党和国家工作大局服务的重要方面,完全符合党和国家对档案工作的根本要求。正如《国家档案局中央档案馆关于加强档案信息资源开发利用工作的意见》"四、促进档案信息资源利用"中特别提道:积极开展以已公开现行文件为核心的政府公开信息利用工作。

我国数字档案馆也往往作为政府网络建设的一部分,承担了政务公开的职责。我国多数档案网站的建设是随着电子政务的出现而出现的,因此我国档案网站最初的建设目的可以说就是从行政管理角度出发的。尤其是在档案网站建设发展初期,对行政管理方面的考虑要显著高于对档案业务管理的考虑。随着电子政务的逐步实施,各级政府及其部门的政务信息网陆续开通,档案信息网络化建设就被提到档案机构的议事日程上来。档案网站，也就是现在所说的数字档案馆的窗口，其实也是政府网站的一部分，以便民服务为目的在网络上建立档案行政信息服务中心，公开政务信息，行使政府职能。如青岛档案信息网就在网站导航中提供了政务公开的入口，向社会公众提供政务公开的服务。

随着形势的发展，人民群众对不同信息的需求也在不断扩大，已公开现行文件利用工作作为党和政府联系广大人民群众的桥梁和纽带显得越来越重要。《国家档案局中央档案馆关于加强档案信息资源开发利用工作的意见》"四、促进档案信息资源利用"中列举了开展已公开现行文件利用的若干意见："最大限度地为公众获取政府公开信息提供便利条件；加强档案网站建设，充分利用互联网为社会公众提供已公开档案信息、已公开现行文件及其他政府公开信息服务；档案馆的开放档案阅览、陈列展览和政府公开信息利用场所，要设在交通便利、面向公众的区域，为公众查阅档案和获取政府公开信息提供充分便利。"

现行文件服务有两条渠道，一是提供文件实体进行服务，二是提供网上查询服务。而网上查询的关键是建立政府公开信息的网上集中查询、申请和报送平台，并对档案网站中的信息查询服务系统实施功能拓展、结构优化和数据整合。针对目前多数档案网站在信息公开过程中存在的全文信息不足、操作界面不友好、查询功能不强的现象，学者王岳岚、詹美从检索功能、页面设计、功能设置和信息内容等方面提出如下建议。

①在检索功能方面，为兼顾不同层次市民查阅公开信息的需求，不仅要依信息内容提供多种信息检索功能，如简单查询、组合查询、高级查询、模糊查询、智能查询、全文查询等，还要提供多途径入口的查询。

②在页面设计方面，需在显眼位置上建立多种帮助信息，如系统帮助、常见问题解答、初次用户辅导、站点地图等，便于公众迅速掌握信息查询服务系统的使用方法。

③在功能设置方面，不仅要继续完善现有的报送和查询平台，还要增设各部门申请公开信息的集中受理平台和咨询服务平台。

④在信息内容方面，可在统计信息利用频率的基础上，根据用户的需求，依托强大的政府公开信息数据库和档案信息资源数据库，自动编制专题目录，建立相关信息链接，从而提高信息的附加值，方便公众快速获得更全面、更专指、更精准的信息。

此外，档案部门还要积极丰富和拓展已公开现行文件的网络服务方式。要在现有服务方式的基础上不断加以创新，使人民群众查阅包括已公开现行文件在内的档案馆信息资源更加便利，更加快捷，更见实效。

3. 社交媒体服务

Web 2.0 时代，形形色色的社交媒体层出不穷，知名的社交媒体往往拥有庞大的用户群体。对社交媒体加以利用有利于数字档案馆改善交互功能，也有利于扩大数字档案馆的用户，从而促进数字档案资源的开发利用。因此数字档案馆在建设和发展中需要重视社交媒体的作用。如美国国家档案馆网站提供了 Wiki、Blog、SNS、RSS 等 Web 2.0 时代备受公众青睐的社交工具，使社会公众利用这些便捷手段参与到网站互动中来。

我国数字档案馆中可以利用的社交媒体也有多种类型，包括论坛、博客、微博、微信和 QQ。其中论坛、博客和 QQ 是较早进入数字档案馆利用范围的社交媒体类型，论坛和博客更多是面向较为专业的用户群体，QQ 则是被构建在数字档案馆服务平台上，作为实时交互工具发挥作用。与之相比，微博和微信服务的受众则以普通群众为主，而且比论坛和博客拥有更广泛的用户群体，信息发布和传递十分便捷，也是目前数字档案馆常用的社交媒体类型，因此下文将以微博服务和微信服务为例来说明数字档案馆的社交媒体服务。

①微博服务。微博服务已逐渐成为数字档案馆微服务的主要途径之一。有研究认为，档案馆微博不仅可以将档案馆的使命、目标、愿景等传达给用户，也可以通过向用户发送馆内活动动态、馆藏信息、文化教育、服务项目等内容，拉近档案馆与广大公众的距离，提高档案信息服务的质量和范围，进而提高社会的档案意识；此外，微博还便利了档案从业人员之间就工作中的问题进行交流、共享信息、增强协作、共建信任，为更好地服务社会创造了条件。

②微信服务。微信是基于移动互联网的社交媒体，对于提高档案馆的服务质量具有日益重要的作用。目前，微信在我国档案馆中的应用功能包括：发布信息、档案咨询、反馈互动、与档案网站或数据库对接、微信检索等。档案馆网站是档案馆微信账号宣传和推广的重要平台，宣传和推广的途径主要有公告和二维码两种。微信账号应积极借助档案网站、档案微博、政务网站、微博以及电视报纸等传统媒体，加强宣传力度，吸引更多人关注，真正发挥档案馆微信的价值。

4. 其他方式

除上述三种主流服务方式外，还存在一些不太常见的方式，但它们也引起了档案界的关注。

（1）电子商务服务

电子商务是网络环境下最具现代特色的信息服务方式之一。美国国家档案与文件署、英国国家档案馆等网站也适时地为用户开通了网上销售、网上订购、资源共享和付费浏览等业务。目前电子商务在档案馆中的服务方式主要有以下几种。一是在线销售。数字档案馆通过网络向发行机构出售本馆电子出版物（如文献汇编、档案编研等）的出版权或发行权，也包括向一些信息机构出售或出租本馆自建数据库的镜像权、使用权和复制权等，也包括向用户提供文献汇编、电子杂志的在线销售和订阅。二是网上支付。地方档案馆按联机合作编目的程序将地方特色馆藏编目后上传给中心数据库，或从中心数据库下载所需的档案资源纳入本地的数据库，以组织编制各种门类、载体的联合目录。通过电子商务服务方式，完成期间的费用结算。三是在线订购。数字档案馆通过网络向发行机构购买电子出版物，或向信息机构购买或租用电子出版物、光盘数据库及数字化馆藏的镜像权和使用权。通过电子商务服务可以充分实现资源共享，给用户提供了极大的方便，并且避免了人力、物力的巨大浪费。

（2）"超级档案网站"

由一个网站把一定范围内的全部档案保管机构链接起来，通过统一的检索入口检索到所有被链接网站中的相关馆藏资源情况。通过超链接形成了"超级档案网站"，它反映了一个国家或地区"档案网站共同体"的认同和形成过程。

【阅读拓展】美国的两个"超级档案网站"

①档案网格。它是在线计算机图书馆中心运作的一个项目。该网站包括500万份档案资源描述性文档。加入档案网格的档案性机构超过1000家，资源覆盖全美，利用者可以通过网站提供的检索工具在这些机构中寻找所需的原始档案资源。在档案网格的首页，利用者可以借助地图、邮编、州名等途径寻找目标机构，查看该机构上传档案资源的相关情况。为了丰富网站的资源，档案网格欢迎更多档案资源加入。

②加利福尼亚档案在线。它是加利福尼亚数字图书馆项目的核心组成部分，可为公众提供档案资源详细描述信息的查询。该网站整合了加利福尼亚200多个机构的库藏资源，就像开启这些机构的一把"钥匙"。网站拥有超过20000份档案集合指南，可以借助这些指南浏览档案资源、定位档案资源所属机构，或直接浏览部分已数字化的档案。该网站还可提供20000份数字照片和文件的在线浏览，并提供相应实体档案的存放地点信息。

（三）移动应用的创新性服务

1. 移动数字档案馆（室）服务

移动互联网时代，移动通信、无线网络等技术迅速发展，手机、平板电脑等移动终端设备快速普及,正改变着人们获取信息和服务的方式。对数字档案馆(室)而言,在移动网络技术环境下开展移动服务是顺应时代潮流的有益探索。如随着移动互联网的深入发展,档案馆(室)移动服务应用逐渐多样化。

移动数字档案馆(室)服务是数字档案馆(室)建设不断深入的结果,我国数字档案馆(室)项目的发展为移动数字档案馆(室)服务体系建设提供了优良的资源基础。从资源类型看,现行文件也是移动数字档案馆(室)占有的一类优势资源,广州档案网2013年开通"广州市主动公开政府信息系统"WAP版,为移动终端设备利用者提供了"一站式"的政府信息公开查询服务。从资源组织看,数字档案馆(室)建设的目的不仅是利用档案,也是更好地收档、管档、存档、护档,广泛的资源建设范围反而降低了数字档案馆(室)的资源利用率和服务效能,如库存濒危但利用率并不高的档案,基于保护的目的仍需纳入数字档案馆(室)资源建设范畴,而移动数字档案馆(室)是以档案利用服务为首要目的,将适用广泛的移动终端设备作为媒介,使档案利用者可以在零碎的时间里快速查询和利用档案信息资源,还可以享受信息主动推送服务,也增强了档案馆(室)的社会参与度和融入感,是一种主题资源集中的服务方式,能够大幅提高资源利用率和服务效能。

2. 移动应用服务

移动应用程序,也称手机应用程序或手机客户端,是指在智能手机、平板电脑等移动设备上运行的第三方应用程序。档案移动应用服务是通过智能移动设备以APP或微信公众号形式提供档案信息服务,是适应移动互联网社会化广泛应用背景下的新的档案信息资源共享服务形式,是数字档案馆(室)利用服务的创新手段。

【阅读拓展】国内档案APP的应用

武汉市档案馆推出的"手机档案信息及文化推送系统"是我国首个由综合档案馆推出的档案类手机客户端,提供订报、阅读、查询、互动、更多5个服务模块。首批推送服务包括:档案馆文化展示、档案开放目录查询和档案关联信息阅读。此举开创了国内APP应用于档案服务领域的先河,极大地减少了档案服务障碍,是构建手机档案馆的有益尝试。

2013年12月17日,北京海淀区档案馆开通基于安卓平台的"海淀区革命历史遗迹"电子杂志,通过联网方式将海淀地区内22处革命历史遗迹的数据资源及相关档案文献以电子期刊的形式定期向用户推送。电子杂志将文字、图像、声音和视频等多种形式的内容集于一体,该APP最新的版本包括杂志、新闻、商城和设置 4 个模块，是一款针对性较强的软件。当前以手机阅读为代表的碎片化阅读正成为一种新潮流在公众间普及，海淀区档案馆此举正是迎合了受众阅读方式的转变，利用新媒介实现革命历史文化普及的工作。

为了适应社会对档案移动服务的需求，充分利用智能移动设备的功能提供档案信息服务，2019 年 3 月国家档案局公布了《档案移动服务平台建设指南》（DA/T 73—2019），该行业标准将档案移动服务平台系统主要功能建设归结如下：

①档案查询。应具备高级检索和模糊检索等多种档案检索功能；应具备信息公开发布功能；应提供查档须知和查档流程等信息；应提供档案机构联系方式，包括联系地址、联系电话等。

②档案资讯。应具备浏览档案工作相关信息以及发布各类档案文献，提供档案专题浏览功能。

③档案展厅。应具备以图文并茂的方式展出档案历史文化，提供档案展件浏览的功能。

④档案资讯。应具备发布档案工作新闻、动态时事新闻等信息的功能。

⑤互动交流。应具备评论、点赞、收藏等功能；应具备社会公众辅助档案鉴别、著录等功能；应具备社会公众上传照片及文字说明的功能，以收集民间的有价值的档案资源；应具备社会公众向档案机构提出建议的功能。

⑥其他。如注册登录、后台管理以及可根据档案机构自身特点设置其他档案服务平台功能。

三、数字档案的增值性服务

（一）增值性服务概述

《国家档案局中央档案馆关于加强档案信息资源开发利用工作的意见》中强调应"重视档案信息增值服务工作。加大对档案信息内容的研究和开发力度，把档案信息内容转变为档案信息知识"。"能够辅助开展数字档案的增值服务"也是《建设指南》对数字档案馆服务功能的具体要求。对档案信息内容的开发是通过档案信息资源的组织、过滤、挖掘、关联分析等环节，挖掘档案信息资源的潜在价值和显在价值，使原始档案信息资源或者蕴涵在原始档案信息中的潜在信息资源成为便于人们认识和利用的显性档案信息资源，以促使档案信息资源的增值。

随着各行各业信息化的发展，人们对档案信息资源的利用已不再局限于简单浏览和查看，而是展开了更深入的检索、查询、统计、整合与共享，甚至用于为决策者和管理人员提供科学决策依据。可以说增值性服务是数字档案管理的新趋势，它不仅是档案馆的重要工作，也是档案价值得以实现的重要途径。档案管理的最终目的是实现档案信息的充分挖掘。数字档案增值性服务就是指对原始档案的技术、内容或服务利用数字化方式加以整合或改善，并以多元媒介呈现，从而使档案产生更高的文献价值和社会价值。在档案数字化之后，如何利用数字化档案的特性，提供增值性服务以利于档案的快速传播与普及应用，早已成为各国档案部门亟须思考的课题。放眼国际，许多发达国家，诸如美国、加拿大、澳大利亚、英国、日本与新加坡等，均投入大量资金进行档案数字化建设，并同时着手数字档案的应用增值性服务创新。其中英国国家档案馆积极实施档案数字化实务运作模式与作业标准，支持档案管理技术的创新及发展，最终目标在于完成数字档案的开放应用，进一步提升数字档案的应用深广度。为了顺应数字化时代信息管理与知识挖掘的挑战，英国国家档案馆着重强化国家档案与信息管理的结合以及档案信息的分享与再利用，大力提升数字档案的保存、获取与利用等增值性服务。

（二）从信息服务到知识服务

我国现有的许多数字档案馆（室）并非真正意义上的数字档案馆（室），仅仅是实现了数字档案题录、摘要等的在线发布和利用，然后再通过档案信息网站体现出来，即现有数字档案馆（室）提供的服务多局限在目录式服务，用户可以非常方便地查询到档案目录，但要获取档案全文还得通过传统方式，到实体档案馆（室）查阅。也有部分实现了数字化档案全文存取的数字档案馆（室），把自己的服务从目录式服务提升到了全文式服务，但服务内容局限在档案原文，是简单的文献服务。因此与传统档案服务的区别仅仅在于用户获取服务时为他们提供了时间和空间的便利。

知识经济时代强调对知识的获取和利用，强调对知识管理理念和方法的应用，档案馆（室）也应充分响应这一时代要求，将目前的信息服务提升到知识服务层面，更好地适应社会发展，扩大档案馆（室）的影响，确立数字档案馆（室）在信息知识服务领域的重要地位。

1. 知识服务的理解

①知识服务是以用户为中心的服务。知识服务的管理理念以用户为中心，档案工作者必须站在用户的角度思考问题，以用户的需求为工作导向，以用户的满意水平为工作绩效衡量标准，树立全面的服务意识。

②知识服务是提供解决方案的服务。知识服务致力于提供问题的答案、解决方案乃至决策，重在帮助用户解决问题。这要求档案工作者具备宽广的眼界以及知识收集能力、分析能力和驾驭能力。知识服务的过程是不断进行信息收集、综合的过程。

③知识服务是主动服务。知识服务不是用户问什么就答什么的服务，而是能通过与用户的交流过程挖掘用户更多需求并满足这些需求的服务。当用户不能准确表达自己的需求时，档案工作者能帮助用户准确定位需求，当用户的需求发生变化时，档案工作者也能根据需求变化提供及时跟进的服务方案，当用户有潜在需求但自己又未意识到时，档案工作者需要利用自己的专业素质帮助用户快速地找出需求并满足用户需求。

④知识服务是为解决用户特定问题而存在的，是根据用户的自身情况、所面临的环境等因素提供问题的解决方案，能解决具体问题，更具有针对性。传统档案服务倾向于提供统一的模板。

⑤知识服务是真正体现档案价值的服务。档案资料中蕴藏的大量历史事实和丰富的历史经验一旦运用于对现实的思考批判和决策过程中，将起到重要的参考借鉴作用。

但是这些高价值的内容不经加工提炼，其价值就得不到体现，知识服务正是这个加工过程，是档案资料与档案馆（室）价值实现的过程。

2. 档案信息服务的知识化

随着社会信息化的推进，数字档案馆（室）服务也面临着拓展的问题，数字档案馆（室）有必要以知识的搜寻、组织、分析和重组的能力为基础，融入用户解决问题的过程之中，提供能够有效支持知识应用和知识创新的服务。数字档案馆（室）知识服务强调在分析的基础上对档案资源进行深层次的开发和利用，从文献单元深化到知识单元，提供面向知识内容的知识服务。数字档案馆（室）应利用自己独特的知识能力，通过信息的分析和重组形成符合用户需要的、能为用户创造价值的档案知识产品，通过显著提高数字档案信息用户的知识应用和知识创新效率实现其价值增值。

3. 档案知识服务功能

数字档案馆的信息服务将不再只是简单地传递档案文献，而是以知识管理与知识服务为指导创新、拓展传统档案管理，将档案管理的范围从文件、档案拓展为以文件、档案为主体，包括各种业务数据、外部信息、隐性知识的知识资源；档案管理的关注点从文件、档案实体转向文件、档案所承载的信息、知识；

档案管理的重心从传统的档案收集、整理转向提供知识利用服务，从而实现知识资源集成，实现管理与服务集成，实现档案管理与业务流程集成，最终以知识流支撑单位业务流，充分发挥档案的知识服务功能。

（三）知识管理的运用

20世纪90年代以来的知识管理研究，力求将知识增值。知识管理的实现可以从显性知识管理和隐性知识管理出发进行包括档案信息资源在内所有信息资源系统化的发掘和组织，这应当属于档案信息资源的深入开发或者档案信息资源的增值服务范畴。

1. 内容开发的价值链

20世纪80年代末，美国信息学者德本斯等提出从人的整个认知过程中理解信息的重要观点，即"事件→符号→数据→信息→知识→智慧"。这个过程中的任一组成部分，都产生于它的前一过程，即"信息"源于"数据"，又是"知识"的来源。

20世纪90年代末，IBM公司的斯蒂芬和赫克尔等进一步分析了信息的结构以及由此形成的等级。图5-2描述了信息结构的一般等级，不同层次信息的数量、完整性和宏观性随着信息价值、结构和主观性的增长而下降，由于信息流动、使用而形成信息等级。其中，事实是指在一种真理价值观下得到的观察资料；信息是指关联中的事实；推理是指运用思考、理解能力的过程；智力是指对信息进行的推进；知识是指对智力的确认；智慧是指综合了的知识。

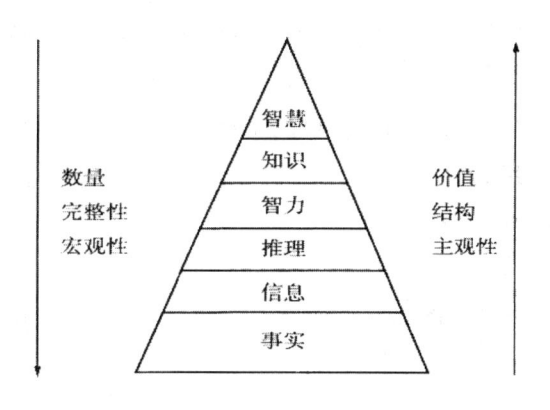

图 5-2 信息结构的一般等级

在上述6环节组成的价值链中，事实、信息、知识和智慧之间存在着转化关系，即事实不会自动变成信息，信息不会自动变成知识，知识也不会自动变成智慧，实现价值链转化的关键是人。人们通过信息资源的内容开发才实现了信息、知识和智慧的相互转化。

从信息提升到知识，主要根据信息之间的相关性、有序性进行比较、分析、综合和概括，从中发现问题的本质。从信息、知识提升到智慧，主要是采取各种有效的手段激活它们，以满足用户的需求，而信息资源的开发利用是其实现转化和提升的中心环节和主要手段。信息资源的内容开发可以在最基本的事实、信息、推理和智力层面上组织，也可以在知识和智慧层面上组织，从宏观上看，基于信息流等级结构，从事实到智慧的价值链决定了信息资源开发的组织形式、内容与手段。信息资源内容开发示意图如图 5-3 所示。

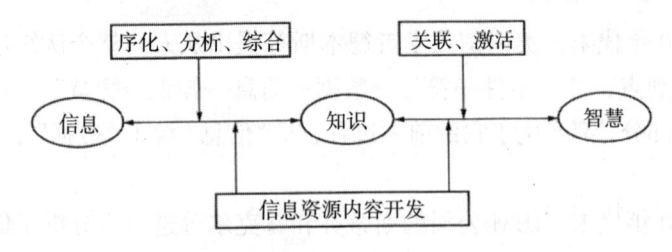

图 5-3 信息资源内容开发示意图

2. 知识的分类

知识又可分为显性知识和隐性知识。显性知识指的是已经被解释、记录或编成文档的知识，而隐性知识是指无法表达或难于表达的知识，是个人在多年的工作中积累的专业知识和经验，有些可能永远也不会被记录下来（或形成文档）。隐性知识是主观的和个人的，但在某种程度上它可以被分享、被传授。显性和隐性知识具有各自不同的特征，如表 5-1 所示。

表 5-1 显性与隐性知识的特征

显性知识	隐性知识
清楚地表达的	潜意识的、难以表达的
能够阐明的	知觉的
意识到的	未意识到的
可被规则确定的	基于经验的
文档化的（记录、图表、磁带等）	通过交谈来传递的
组织的、可被分享的	个人的、私人拥有的
可被看到的	难以观察的
存储于数据库、文件等中的	存储于人脑中的

隐性知识能够转变为显性知识，也只有转变成显性知识后，才能对其加以编码，组织存储和提供知识库的利用。个人知识也需要转变为组织知识，这样

才能实现知识库的滚动建设和更新，在个人知识通过各种方式转变为组织知识的同时，个人的隐性知识也就转变为显性知识。

3. 显性知识的管理

显性知识是以编码方式存储于信息载体上的，外在于人的信息必须内化为一定的社会实践活动主体的知识，才能转化现实的生产力，这一转化过程就是信息和人的认识能力相结合的过程。显性知识的管理目的就是挖掘出最恰当的知识，在最恰当的时候传递给最恰当的人，以使他们做出最好的决策。显性知识管理框架具体描述如下。

（1）信息收集

首先确定信息收集的目标集，然后确定信息收集方式，一般包括文献途径、数据库光盘、网络途径、实地调查等。

（2）信息预处理

对信息的真伪和时效性进行鉴别，按信息的内容、形式进行分类，通过信息预处理，形成"纯度"高、"开采"价值大的目标数据集合信息。

（3）知识挖掘

一是对信息进行精简、提取。利用逻辑方法抽取"有用"的能改变自己对某一问题看法的内容，即知识要素或知识单元，然后按照一定的规则，如运用知识工程中的知识表示方法对抽取出来的内容给予逻辑表达，形成知识单元集合。二是可以利用新一代的计算机技术和工具来帮助开采数据库中蕴藏的资源，经过提炼，使之成为有用的知识。具体操作过程涉及机器学习、模型识别、数据库、统计、人工智能及管理信息系统等。

（4）知识重组

数据库中大量静态、孤立的知识信息不能指导决策，必须用相关的方法寻求知识间的内在联系并获取更深层的信息，形成动态知识系统，以有效指导决策，可采用的方法包括：总结描述、回归分析、关键要素预测、综合评估等。

（5）知识再造

知识再造的结果包括创新知识，主要在现有知识水平、知识联系及知识未来水平预测的基础上形成。

显性知识管理框架如图5-4所示。

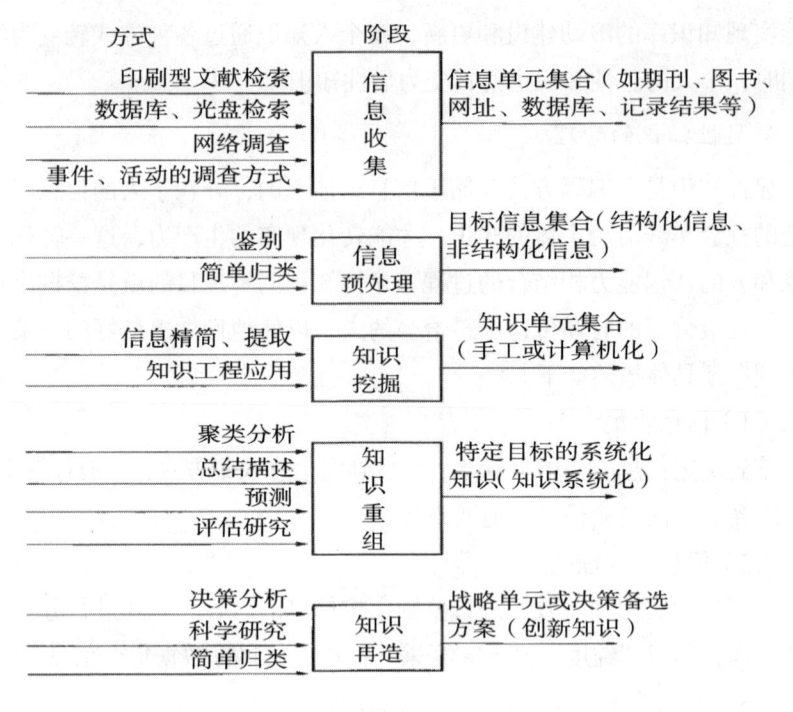

方式	阶段	
印刷型文献检索 数据库、光盘检索 网络调查 事件、活动的调查方式	信息收集	信息单元集合（如期刊、图书、网址、数据库、记录结果等）
鉴别 简单归类	信息预处理	目标信息集合（结构化信息、非结构化信息）
信息精简、提取 知识工程应用	知识挖掘	知识单元集合（手工或计算机化）
聚类分析 总结描述 预测 评估研究	知识重组	特定目标的系统化知识（知识系统化）
决策分析 科学研究 简单归类	知识再造	战略单元或决策备选方案（创新知识）

图 5-4　显性知识管理框架

4. 隐性知识的管理

在信息资源内容开发过程中，应有效地开发管理隐性知识，把表面看起来似乎毫不相干、毫无任何联系的现象联系起来，提取深层次的信息单元、知识单元，重组隐含的内容，创造新的知识。以下从三个层次阐述隐性知识信息的利用。

（1）基于人类认识的隐性知识信息的利用

人类在长期的实践中，基于已有经验、联想，甚至直觉、灵感，对某个看来毫无作用的信息，或对某个特定的认识主体构成联想，启迪灵感。

（2）基于系统论方法的隐性知识信息的利用

在科学知识系统中，各门类或学科之间均存在不同层次的结构和逻辑关系。因此，隐含信息的重组和知识创新，既要洞悉各门类、各学科不同层次的信息单元、知识单元，又要顾及各门类、各学科信息、知识之间的相互联系。针对同一问题，从不同的侧面去探讨事物的发生、发展过程以及事物的内在本质和规律，以求得出整体性、综合性的结论。

（3）基于信息库、知识库的管理技术的利用

计算机通信和数字化技术，为隐含信息重组、知识创新开辟了新的天地。通过高新技术手段，可以获取用传统方法获得的信息、知识，可以把各种信息、知识融合起来，利用文字识别、语音知识、模式识别、图像处理、知识导航和知识综合分析等技术，模拟人的思维，以信息单元、知识单元处理为基础进行创新，最后对创新知识进行模拟和表达。这种融入人的智慧后产生的具有创造性的新知识，比原有知识更重要、更高级，被认为是"知识的知识"。

5. 数据挖掘技术的应用

作为知识挖掘的关键步骤，数据挖掘是从存放在数据库、数据仓库或其他信息库中的大量数据中挖掘有用知识的过程。该技术不仅是面向特定数据库的简单检索查询调用，而且要对这些数据进行微观、中观乃至宏观的统计、分析、综合和推理，以指导实际问题的求解，发现事件间的相互关联，甚至利用已有的数据对未来的活动进行预测。数据挖掘方法可分为统计方法、机器学习方法、神经网络方法、决策树方法和数据库方法。

（1）统计方法

统计方法是数据挖掘的经典方法。常用的有概率分布、相关分析、回归、聚类分析和判别分析等。大多数统计方法都基于完善的数学理论和高超的技巧，预测的准确度还是令人满意的。

（2）机器学习方法

机器学习方法是关于理解与研究学习的内在机制，建立能够通过学习自动提高自身水平的计算机程序的理论方法。采用机器学习方法的计算机程序被成功应用于机器人下棋程序、语音识别、信用卡欺诈监测、智能机器人等领域。

（3）神经网络方法

神经网络方法是以对信息的分布存储和并行处理为基础，在许多方面更接近人对信息的处理方法，具有模拟人的形象思维的能力，反映了人脑功能的若干基本特性，是人脑的某种抽象、简化和模拟。神经网络方法可细分为：前向神经网络（BP算法等）、自组织神经网络（自组织特征映射、竞争学习等）等。

（4）决策树方法

决策树方法提供了一种展示类似在什么条件下会得到什么值这类规则的方法。决策树的基本组成部分包括：决策节点、分支和叶子。决策树很擅长处理非数值型数据，这与神经网络只能处理数值型数据比起来，免去了很多数据预

处理工作。

（5）数据库方法

数据库方法主要是多维数据分析或联机分析处理（OLAP）方法。OLAP是使分析人员、管理人员或执行人员能够从多角度，对从原始数据中转化出来的、能够真正为用户所理解的，并真实反映管理思维特性的信息，进行快速、一致、交互的存取，从而获得对数据更深入了解的一类软件技术。OLAP还可以帮人们探索数据，找到哪些是对一个问题比较重要的变量，发现异常数据和互相影响的变量。

6. 知识管理应用事例

在我国各级各类档案部门中，已出现将知识管理的理念和方法引入档案信息资源开发过程中的事例。以北京某检察院为例，该检察院提出了专用档案数据分析模型，主要功能包括：对原有系统中的离散档案进行数据集成，并设计和开发外部数据采集工具；使用当时国内先进的数据挖掘和开发应用平台，设计并开发符合检察机关业务需求的数据展现子系统；对检察院的各项工作进行科学分析，做出正确的评价和预测。通过使用这样的系统，该检察院极大地提高了档案分析能力，加强了检察院的管理手段，实现了科学决策。

众所周知，档案基础数据库的建设已经成为各级各类档案馆（室）面向社会提供档案资源利用服务的基本职能，成为我国整合档案信息资源的历史性课题，同时也是档案部门采用现代化手段记忆当今社会改革、建设、发展真实过程，支撑社会经济发展的历史性责任和义务，提高办事效率和促进科学决策的依据。因此，大力运用数据挖掘技术开展档案信息资源的知识管理，为我国各项事业的发展提供科学决策依据，必将成为档案部门迎接知识经济挑战的一种全新的档案信息资源开发和利用模式。

第三节　数字档案资源的开发

数字档案资源开发是一项系统工程，必须把规划管理放在重要位置。

一、数字档案资源开发规划管理

数字档案资源开发是档案管理服务的关键内容，必须开展科学的项目管理，重点做好规划管理工作，把制定和实施数字档案资源开发规划作为重中之重。

数字档案资源开发规划管理就是要从计划、组织、协调和控制等方面入手，对数字档案资源开发项目中设计的各项工作进行综合、完整、系统的总体设计，并采取有效的措施保证其取得预期的目标和效果。

（一）主要内容

一般而言，长期规划通常指有五年以上执行期的规划，有时又称为远景规划，是确定和预测组织未来前途的动态活动，更多地体现战略性计划特色。中期规划通常指有五年以下、一年以上执行期的规划，在一个相对稳定的时间范围内指导和规范组织管理行为，更多地体现战术性计划特色。短期规划通常指有一年以下执行期的规划，是在最近时期内促使组织为达到长期和中期目标的行动方案，更多地体现策略性计划特色，一般称为计划。在数字档案资源开发规划管理中，长期规划侧重于制定数字档案资源开发政策，中期和短期规划侧重于数字档案资源开发政策的具体化和落实，前者与档案机构的建立宗旨相关联且具有一定的稳定性和指导性，后者更加突出以具体项目的实施为依托并强调数字化建设的可行性和效用性。

数字档案资源开发规划管理的主要内容是制定和实施数字档案资源开发规划。数字档案资源开发规划从理论上讲，属于项目建设规划。一般而言，项目建设规划的组成要素主要包括三个部分，即目标、措施和步骤。

1. 数字档案资源开发目标

一个健全的项目建设规划必须具有明确的项目建设任务，预见并努力达到一定的新的管理服务水平和效益，因此必须有其目标。所谓目标，就是在一定时期内特定的活动或项目所要达到的成果、效益和效率。目标既是建设项目的归宿和终点，又是管理服务的新起点。正是由于目标循环往复的激励作用才使管理服务活动处于不断发展和更新之中。

不同的档案机构需要立足实际确立各自的数字档案资源开发目标。从共性的角度出发，数字档案资源开发必须实现以下总体目标。

（1）有效激活档案资源

档案管理服务的基础是类型多样、功能各异的档案资源，离开档案资源及其收集、加工和传递，档案机构的服务功能也无从谈起，即"巧妇难为无米之炊"。当然，仅仅有"米"也不行，仅仅拥有这样或那样的档案也不过是有了生产原材料而已。数字档案资源开发的第一要义，就是要立足数字时代，使数字档案资源真正成为档案机构最有效的服务资源，成为档案用户最为需要的发展资源。因而，有效开发数字档案资源既是档案机构档案资源管理的主要途径，又是档案机构档案资源管理的重要功能。开发数字档案资源必须具有科学性，必须运用科学的手段和方法，充分挖掘数字档案资源集合中的信息内涵，将信息内涵加以完整、准确地揭示，这样才能真正发挥数字档案资源的信息效益和文化效益，满足档案用户的实际需求。因此，有效激活档案资源成为档案机构数字档案资源开发的重要管理任务。

（2）全面满足社会需求

有效开发数字档案资源不仅为了发挥档案资源的资源效益，更重要的是为全面满足档案机构用户的社会需求打下坚实的基础。从某种意义上讲，档案资源的开发和利用是与档案机构档案资源管理密不可分的两个方面，前者是手段和条件，后者是目的和归宿。因而，档案机构的档案资源管理必然要着眼于发挥数字档案和其他各类档案资源的总体效益，也就是要全面满足社会的档案资源需求。从整个社会档案机构群体来讲，档案机构必须充分而完整地满足社会用户各种档案需求。但是，特定的档案机构总是有一定的性质、任务和范围的限制，所以，具体档案机构的社会贡献总是有限的，总是服务于一定的社会的人群的。无论一个档案机构的服务对象如何、范围如何，数字档案资源管理都必须强调档案资源的合理利用，都必须强调档案需求对档案资源开发的约束性，即在档案用户及其需求研究的基础上进行数字档案和其他各类档案资源的有效开发。所谓数字档案资源的有效开发，其有效性不仅指数字档案资源开发技术与方法的合理性和准确性，还指数字档案资源开发成果对应于档案用户具体需求的匹配性和合意度。

（3）努力实现社会价值

档案机构的数字档案资源开发活动是档案机构各项管理服务活动的关键，是实现信息机构社会价值的主要方面。档案机构的社会价值既体现在档案机构通过档案资源开发产品和服务而创造的自身的社会价值，又体现在社会档案用户利用档案机构的档案资源开发产品和服务而创造的社会价值。不管哪一种社会价值都建立在档案资源的有效开发之上，没有档案资源的有效开发就没有档案机构的档案资源开发产品和服务，也就没有社会档案用户对信息机构的档案资源开发产品和服务的利用，也就没有社会档案用户对新价值的创造，档案机构的社会效益和经济效益也就更无从谈起。因此，档案机构的数字档案资源开发活动在整个档案机构的管理服务活动中具有关键性的地位和作用，甚至可以在某种意义上说，档案机构的其他管理服务活动归根结底都是为档案资源开发和利用创造条件、提供手段、确定前提、给予保障的。

2. 数字档案资源开发措施

要实现数字档案资源开发目标，档案机构需要选择相应的方法和手段，对相关资源进行有效调用和配置，因此必须有实现项目建设目标的措施。所谓措施，是指为了实现不同层级的项目建设目标，在目标分解、细化的基础上提出的具体的、可操作的方式方法和对策。换句话说，措施就是为了实现目标而确定的行动指南和具体途径。因此，数字档案资源开发措施的制定必须量体裁衣，切实可行。

3. 数字档案资源开发步骤

数字档案资源开发措施的实施不是随意性的管理服务活动，需要把握档案资源开发的特质、契合档案管理服务的特性，因此必须将实施措施加以分解，形成可操作的项目建设步骤。所谓步骤，就是将数字档案资源开发措施进一步程式化，形成前后关联、步调一致、切实可行的实施方案。步骤是基于目标的、落实措施的实施程序，是扩大了的、充分考虑到现实管理服务环境的、一环紧扣一环的行动组合。因此，数字档案资源开发步骤的确定必须明确有效，易于控制。

（二）基本原则

无论从哪种意义上看，数字档案资源开发规划都必须在一定的科学原则的指导下进行，要切实避免数字档案资源开发工作的随意性、无计划性和盲目性等情况，使其真正发挥整序信息、激活资源、分流管理、促进选择、保证利用的功能和作用。

1. 目的性

数字档案资源开发规划工作具有鲜明的目的性，即必须充分围绕数字档案资源的具体特征和档案用户的信息需求开展工作，尤其是必须充分注意档案机构的社会需求状态及其变化特征。数字档案资源开发的效果如何在很大程度上体现了档案资源管理和服务的水平。档案机构的档案资源建设是基础，档案资源组织是关键，档案资源服务（主要包括档案资源开发产品和服务）是目的。为了实现数字档案资源开发工作的目标，必须注重档案资源建设工作的主动性和针对性、档案资源组织工作的计划性和长期性、档案资源开发的复杂性和效应性及其与档案机构本身性质特点和能力的适应性。

2. 系统性

对于一个档案机构来说，没有系统性的数字档案资源开发规划工作是不可能实现其整体目标的。为实现数字档案资源开发规划工作的系统性，必须把握档案机构与相关图书情报和文博机构的协调性、档案资源建设中重点与非重点之间的区别性、不同档案资源类型之间的互补性、档案资源管理各个环节之间的联系性、不同档案资源管理方法之间的规范性。因此，在数字档案资源开发中，既要突出重点，又要具有广泛性；既要形成拳头产品，又要丰富服务手段。

3. 客观性

在档案机构的数字档案资源开发规划中，必须把握客观规律，根据档案机构的性质任务和具体要求对各种档案资源合理地、有意识地加以选择、甄别，构建一个结构合理、类型齐备、功能突出、层次分明的档案资源系统，并有步骤地实现全面数字化和现代化。在档案资源组织中，必须客观而准确地描述和揭示数字档案资源的外在特征和内容特征，要根据数字档案资源本身所反映的各种特征加以科学分析，形成相应的数字档案资源组织成果，在此基础上形成数字档案资源开发的成果。在数字档案资源开发中，必须注意开发技术方法的客观性，既不能损害数字档案资源的本来效用，也不能歪曲档案资源本身，确保有效开发利用和档案真实安全的一致性。

4. 现代化

档案机构的数字档案资源开发必须走现代化发展道路，一方面表现为思想观念的现代化，另一方面表现为技术手段的现代化。其中，数字档案资源开发思想观念的现代化集中体现在数字档案资源开发的管理科学化和发展合理化，而数字档案资源开发的管理科学化表现为目标的发展观、思维的用户观、决策的效益观和活动的经济观，数字档案资源开发的发展合理化表现为工作的协调性、方法的多元化、技术的规范性和成果的适应性等方面；数字档案资源开发技术手段的现代化则集中体现在各种现代信息技术、管理技术在档案信息机构数字档案资源开发中的全面应用。

二、历史档案数字化建设：以四川大学历史档案数字化建设为例

对浩瀚的历史档案进行数字化，对保护历史档案原件，提高档案管理水平，

方便档案利用者搜索引用具有重要的作用。

近年来,四川大学历史档案数字化建设项目有效实施,不仅取得了第一期和第二期的建设成效,而且为今后各期的建设奠定了扎实的基础。目前,四川大学历史档案数字化建设项目第三期工作正在持续推进中,这主要得益于数字档案资源开发规划的科学性、合理性和实效性。

四川大学在档案管理和校史工作中始终坚持"有心才有为""有为才有位",始终坚持与时俱进和改革创新,始终坚持档案管理与校史工作的有机融合,始终坚持能力建设与服务提升相互支撑,积极争取各级领导和广大师生的支持和配合,凸显档案管理和校史工作在学校改革发展中的现实作用。其中,大力推进档案信息化建设和档案资源开发成为重要的途径与手段,也是作为破解发展难题的关键。为此,四川大学在"档案数字化建设工程"中,重点实施了历史档案数字化建设项目。

(一)基本思路

在四川大学历史档案数字化建设项目中,根据档案库存和服务需求的实际,尤其是校史研究、展览、宣传和教育的需要,主要突出和强调了以下的建设思路。

1. 以历史档案数字化带动档案全面数字化

在档案管理服务中,四川大学重点实施了档案资源建设工程、档案数字化建设工程、校史文化建设工程和标准化新馆建设工程。其中,档案数字化建设工程的基本目标是:科学制订数字档案馆(室)建设方案,设立数字档案馆(室)建设的专项经费,更新档案信息管理系统,进一步完善档案管理信息化设备设施,进一步开发和运行数字档案馆(室)信息资源管理和服务系统。在已有历史档案数字化成果的基础上,开展后续各期建设项目立项和实施工作,实现库存历史档案的全面数字化存储和数字化信息服务,优化和扩大基于网络的历史档案信息服务,探索有四川大学特色的数字化档案信息长期保存全面解决方案,开发多方协作的数字化档案信息共建共享服务平台。因此,历史档案数字化成为全面数字化,即建设数字档案馆(室)的重点项目、示范项目和优先项目。

2. 以档案数字化推进档案校史资源开发

在档案管理服务中,四川大学在确保基本服务的前提下,充分运用现代信息技术手段,积极创新档案服务方式,开发档案管理服务综合平台,充分利用微博、微信等各种新媒体,加强档案宣传和校史教育工作。在深入开展档案编研的基础上，深入推进学校档案文化建设，积极涵育社会主义核心价值体系，开发具有四川大学特色的档案文化和校史文化产品。在历史档案数字化取得初步成效的基础上，大力推进数字化建设，可以更加充分利用和深度挖掘其中蕴藏的丰富的校史文化内涵，因此，在以档案数字化推进档案校史资源开发过程中，全面、深入、持续、有效的数字化建设不仅是档案校史资源开发的前提条件，而且是深化档案管理和校史教育的重要保证。

3. 以档案数字化推动档案管理服务现代化

在档案管理服务中，四川大学明确提出，要以发展转型为根本，实现从单一性档案管理服务机构向集成化档案资源开发中心、从服务型校史研究展览机构向开放式校园文化建设中心转型。把数字档案馆（室）建设全面纳入学校信息化建设的整体规划，按照"存量档案数字化""增量档案电子化""档案利用网络化"的基本要求，全面推进档案管理现代化，这是档案管理服务现代化的坚实基础。因此，档案数字化在为创新档案管理服务方式提供充分保证的同时，也为展示创新档案管理服务成果提供了良好的平台。

（二）主要成绩

根据发展规划，在四川大学历史档案数字化建设项目中，按照数字化建设任务分步实施、数字化加工一步到位的要求，投入专项建设经费，已经顺利完成了第一期和第二期的具体任务。

1. 档案数字化加工成果

截至 2015 年，四川大学已经投入 200 万元实施历史档案数字化建设项目第一期和第二期工作，完成《四川中西学堂档案（1896—1902）》等 11 个档案全宗，近 5000 卷、70 万页历史档案的全面数字化。随后，四川大学再次投入 100 万元实施历史档案数字化建设项目第三期工作，已经完成项目招投标有关工作。

完成的《四川中西学堂档案》等 11 个档案全宗包括：《四川中西学堂档案（1896—1902）》《四川省城高等学堂档案（1902—1916）》《四川通省师范学堂档案（1905—1912）》《四川公立法政专门学校档案（1914—1927）》《四川公立农业专门学校档案（1914—1927）》《四川公立国学专门学校档案（1914—1927）》《国立成都高等师范学校档案（1916—1927）》《国立成都大学档案（1926—1931）》《国立成都师范大学档案（1927—1931）》《公立四川大学档案（1927—

1931）》《国立四川大学档案（1931—1949）》。

以上数字化档案均建立图像库、目录库、全文库、光盘库、缩微胶片库"五位一体"的档案数字化加工成果，并与现行档案管理信息系统进行整合。

2. 档案资源开发成果

经过四川大学历史档案数字化建设第一期和第二期建设，在数字化加工成果的基础上，积极开展了数字档案标引技术、检索技术和展示技术等实证研究，初步构建了整合化的数字档案资源展示平台，并且应用相关数字档案资源进行了档案编研等数字档案资源开发实践。

（1）相关技术实证研究

相关技术实证研究，主要开展的是基于元数据、社会化标签和本体的数字档案资源标引技术研究，基于本体的数字档案资源检索技术研究和基于信息可视化的数字档案资源展示。

其中，基于本体的数字档案资源标引技术和检索技术研究，主要以档案照片为研究对象，以四川大学馆藏华西协和大学照片档案为研究个案，对现代信息组织技术在数字档案资源管理中的应用进行了积极的探索。在研究中，从档案照片的内容特征出发，抽象出了档案照片本体作为描述档案照片信息的元数据；从档案照片的信息描述出发，对基于档案照片本体的档案照片语义标注进行了分析；从档案照片的检索需求出发，提出了档案照片的检索策略，详细分析了基于档案照片本体的语义推理与查询扩展的相关方法。

（2）数字档案资源展示平台

在四川大学历史档案数字化建设项目中，初步构建的以较为完善和系统的档案资源展示平台为主体的基于 Web 2.0 综合化集成式档案资源开发管理服务系统主要包括：以馆藏历史数字档案资源为基础的"发现川大：四川大学历史档案信息发布系统"；以与校史文化相关的历史影像、视频、教案资源等为主体的"川大记忆：四川大学校史文化资源专题网站"系统；以实体校史展览馆为蓝本的"四川大学网上校史展览馆"；以时间为序，以四川大学历史变迁的重大事件、重要人物为主线的"走进川大：四川大学时间轴"系统；以校史知识为基础，以参与性和趣味性为目标的四川大学"校史答题王"系统。这些应用系统可以通过官方网站、官方微博、短信服务等档案资源共享平台为广大师生和校友提供推送服务。

（3）数字档案资源开发实践

在开展相关技术实证研究和建设数字档案资源展示平台，初步推出数字档案资源服务的同时，根据学校发展对档案资源开发利用的具体需要，并且结合现有的开发条件和水平，开展专题性档案资源开发实践，已经取得的主要成果有：《川大记忆：四川大学校史文献选辑》系列；《四川大学校长传略》系列；专题展览。

以上已经正式出版的编研成果和专题展览均可以通过四川大学数字档案资源展示平台浏览。

经过多年建设，四川大学历史档案数字化建设项目已经取得良好的社会效益。2016年2月15日，教育部网站专门报道四川大学校史文化建设成果，四川大学历史档案数字化建设项目在其中发挥了重要的支撑作用。

第六章　新时期档案数字化风险管理

第一节　档案数字化风险与管理概述

一、档案数字化风险

（一）档案数字化风险的相关概念

1. 风险

风险是指在一定条件下和一定时期内，损失发生的不确定性。风险是由风险因素、风险事故和损失构成的统一体。风险具有客观性、普遍性、必然性、可识别性、可控性、损失性、不确定性。

2. 风险因素

风险因素是指引起或增加安全风险事故发生的机会或扩大损失幅度的条件，是风险事故发生的潜在原因；风险因素还指增加风险事故发生的频率或严重程度的任何事件。构成风险因素的条件越多，发生损失的可能性就越大，损失就会越严重。

影响损失产生的可能性和程度的风险因素有两类：有形风险因素和无形风险因素。有形风险因素是指导致损失发生的物质方面的因素。无形风险因素即非物资形态的因素，也会影响损失发生的可能性和受损的程度。无形风险因素包括道德风险因素和行为风险因素两种。道德风险因素是指人们以不诚实、或不良企图、或欺诈行为故意促使风险事故发生，或扩大已发生的风险事故所造成的损失的因素。行为风险因素是指由于人们行为上的粗心大意和漠不关心，易于引发风险事故发生的机会和扩大损失程度的因素。

3. 风险识别与风险因素分析

风险识别是通过感性认识和历史经验来判断或通过对各种客观的资料和风险事故的记录来分析，并归纳和整理，从而找出各种明显和潜在的风险及其损失规律。

风险因素分析是指对可能导致风险发生的因素进行评价分析，从而确定风险概率发生大小的风险评估方法。其一般思路是：调查风险源→识别风险转化条件→确定转化条件是否具备→估计风险发生的后果→风险评价。

数字化的风险识别与分析是对数字化工作过程中客观存在的各种风险进行系统的识别和归类。探讨风险因素的具体体现，剖析风险复杂多变的深层原因。数字化外包风险识别与分析贯穿在整个项目实施过程中的各个环节，风险识别与分析是风险管理的第一步，也是风险管理的基础。通过风险的认知或理解，可以帮助我们预测在档案数字化各个环节中可能发生的质量问题、安全问题，并由此研究制定相应的防范与处置办法。

档案数字化风险分析的信息来源。风险分析是建立在丰富的资料和数据基础之上的，因此通过多种途径采集相关信息是风险分析的关键，获取信息的途径包括：本部门数字化经验总结归纳；邀请专家进行会议讨论、交流和咨询；对当前采取的数字化安全策略和相关文档进行复查；制作问卷，向有数字化工作经验的单位或有承揽经验的数字化加工企业进行调查；对相关人员进行访谈；进行实地考察等。

风险分析过程中一些关键的问题需要我们考虑。第一，要确定我们数字化过程中核心保护的对象是什么，以及它的直接和间接价值；第二，数字化项目实施过程中面临哪些潜在威胁，导致威胁的问题所在，威胁发生的可能性；第三，研究核心保护对象存在的哪些弱点可能会被威胁利用，利用的容易程度又如何；第四，一旦风险事件发生，会遭受怎样的损失或者面临怎样的负面影响；第五，应该采取怎样的安全措施才能将风险带来的损失降到最低。解决以上问题的过程，就是风险分析的过程。

4. 档案数字化风险

档案数字化风险是指档案数字化整个过程中在质量、安全等方面可能出现的风险因素，这些因素可能会影响档案数字化目标的实现。

档案数字化加工是新时期档案工作者面临的一项重要工作。此项工作周期长、任务重、要求严，并且在实施过程中存在着各种危及档案安全的因素，如档案案卷拆卷整理时受损、档案案卷在大批量的借还中丢失、数字化档案信息内容不完整不准确、档案信息存储不当被损坏、档案信息泄密等，这些潜在的不安全因素一旦因管理、技术不到位而实际发生，会给档案造成重大损失，也给那些非法猎取国家机密与档案信息的不法分子以可乘之机。所以，安全问题是档案数字化工作中最为普遍、最为关注和亟待解决的问题。

（二）档案数字化风险的特点和分类

1. 风险的特点

（1）客观性

风险的客观性表现在风险是一种不以人的意志为转移，独立于人的意识之外的客观存在。因为无论是自然界的物质运动，还是社会发展的规律，都由事物的内部因素所决定，由超过人们主观意识所存在的客观规律所决定。例如，地震、台风、意外事故等，都是不以人的意志为转移的客观存在。因此，人们只能在一定的时间和空间内改变风险存在与发生的条件，降低风险发生的频率和损失程度。但是，从总体上说，风险是不可能被彻底消除的。同样档案数字化风险也是我们无法完全回避的客观存在，档案数字化过程中不可能百分百达到预期目标。我们唯有主动通过科学有效的科学管理活动和技术措施控制其发生概率或减少其损失程度。正是风险的客观存在，决定了我们进行档案数字化风险管理研究和实践的必要性。

（2）普遍性

档案数字化风险通过最后的质检结论与预期的偏差表现出来，这种偏差是由多方面的因素引起的，数字化活动的每一个环节都可能导致风险因素的产生，风险因素分布广泛，涉及技术、制度、人员素质、设备、流程、管理等多个方面，任何一个方面的不健全、不完备都可能导致风险发生。因此，对档案数字化风险的控制，也就取决于对上述各种风险的控制。

（3）连带性

数字化风险所造成的损失是多方面的，并且可能环环相扣，具有"多米诺骨牌"效应，并且一些风险造成的损失当时是难以察觉的，只有在特定时期才表现出来。以数字化实体为例，数字化前处理中如果造成档案实体缺损，如不完整、不可读、不真实等，其表现损失是在后续提供利用时，形成提供政治、历史、文化、军事等不真实、不确切、不完整信息，造成的利用满意度下降、不信任等损失，且难以用经济价值衡量。

（4）可管理性

档案数字化工作所面临的主要风险并非当前科技手段和管理措施难以预测和管控的（如地震、洪灾、战争等），只存在于一定的局限性条件下（如扫描场所未禁止携带水杯、手机等个人物品，就存在档案被水浸泡和手机拍照泄密的风险），但需要我们主动识别和预防，绝大多数风险可以通过系列措施，进行监控和管理。

2. 风险的分类

将档案数字化过程中所面临的风险进行科学分类，有助于我们认识各种风险的具体特点，有针对性地应对。在研究当中，有人将档案数字化过程中面临的风险归纳为安全保密风险、真实性风险、完整性风险，有人在此基础上进一步指出还包括可读性风险、资金风险。也有人直接将风险分为两类，即数字档案真实性和完整性面临的风险（包括信息迁移带来的风险、人为修改带来的风险、网络攻击带来的风险）和数字信息无法永久读出的风险；或者数字档案信息资源风险、数字化信息存储风险。此外，还有人指出档案数字化项目风险应该包括组织环境风险、人力资源风险、质量监督风险、档案安全风险、外部因素风险。

总而言之，划分风险的标准有多种，如按照损失的呈现时间可以划分为当前风险、短期风险、长期风险；按照风险的可控性可以划分为可控风险、不可控风险；按照损失的严重性可以划分为轻度风险、一般风险、严重风险；按照数字化流程可以划分为准备阶段风险、前处理阶段风险、数字化处理阶段风险、检查验收阶段风险；按照风险的影响方式可以划分为直接风险和间接风险等。

上述风险分类可通过赋予一定的分值来评估风险的危害程度，但这往往过于绝对化，因为风险本身的不确定性，高概率的风险不一定能够发生，而一般风险有可能导致重大安全事件。实际情况中，数字化外包风险管理工作还缺乏经验，定量及定性风险方法尚无足够信息支持，因此，我们暂且将已见风险和预估风险的查找作为重点。

在此，我们以安全风险研究为主要内容，以档案数字化外包风险管理为重点，针对档案数字化工作基本流程，根据数字化主要工作重心、风险损害对象以及风险的出现方式，把贯穿于档案数字化流程中的各个安全风险因素进行系统的分析与归纳，将引发风险的各类因素划分为实体风险、信息风险、环境风险和保障机制风险四大类别，如图6-1所示。

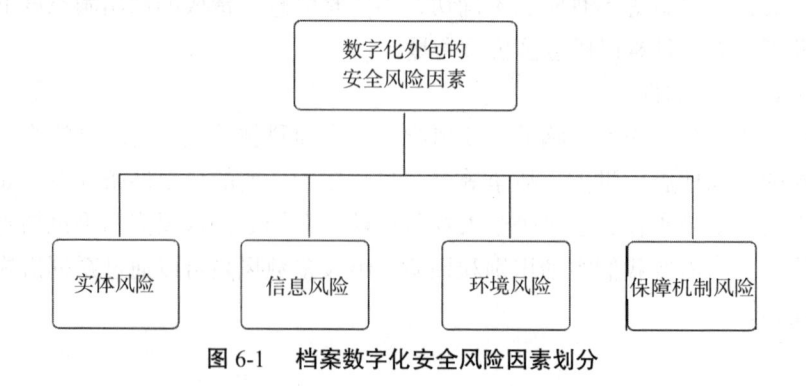

图6-1 档案数字化安全风险因素划分

四大类别风险贯穿于档案数字化过程中的各个环节，相互联系，互为制约，互为诱发因素，其关系如图 6-2 所示，需要制定相应的对策与措施加以控制与防范。

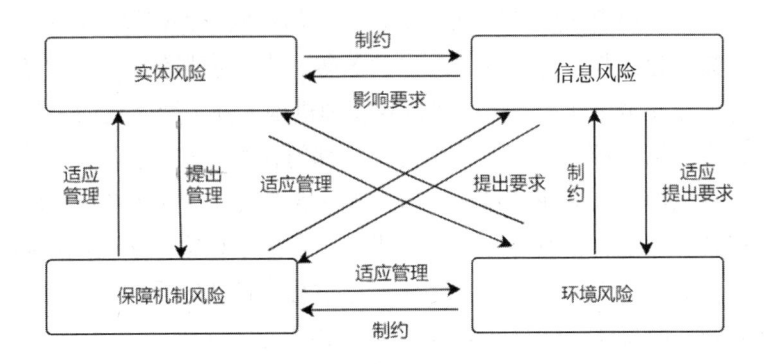

图 6-2　各类风险因素之间关系示意图

二、档案数字化风险管理

档案数字化风险管理是指在档案数字化工作过程中针对可能发生的风险所采取的降低或规避风险的措施。首先，风险管理必须识别风险。确定在档案数字化每个环节中可能会发生哪些风险，这些风险可能会对工作过程产生何种影响，影响产生原因、危害类型及损失程度等。其次，风险管理要着眼于风险控制，通常采用积极的措施来控制风险。通过降低其损失发生的概率，缩小其损失程度来达到控制目的。控制风险的最有效方法就是制订切实可行的应急方案，编制多个备选的方案，最大限度地对档案部门数字化工作所面临的风险做好充分准备。当风险发生后，按照预先的方案实施，可将损失控制在最低限度。最后，风险管理要规避风险。在既定目标不变的情况下，改变方案的实施路径，从根本上消除特定的风险因素。

（一）档案数字化风险管理现状

档案数字化工作与风险管理息息相关，国家档案局及其各级档案部门都非常重视档案数字化中的安全管理工作。2012 年，国家档案局专门印发要求切实加强档案数字化和档案信息化服务外包管理的文件，各地档案行政管理机构都已经认识到数字化安全的重要性，也采取了积极措施制定下发了安全管理的文件或规范，如 2011 年福建省档案局和福建省国家保密局印发的《福建省档案数字化工作安全保密管理规定》，2011年厦门市档案局和厦门市国家保密局印发的《关于在档案数字化加工中加强安全保密工作的通知》，2012年云南省档案局、云南省保密局联合印发的《云南省档案数字化工作安全保密管理办法》，2013年广西壮族自治区档案局下发的《广西壮族自治区档案数字化工作安全保密管理办法》，2013年湖北宜昌市档案局、宜昌市国家保密局出台的《宜昌市档案整理及数字化工作安全保密管理办法》等，进一步强化和细化档案数字化中的风险管理与安全工作。各级档案行政管理机构加强了数字化的监督、指导、检查工作，许多档案部门和档案数字化加工部门在组织实施档案数字化过程中都设立了专门机构和人员并且建章立制，通过培训教育、专项检查、签订协议、完善设施设备、加强日常管理等工作，进一步加强了档案数字化的风险防范与管理。虽然各级档案部门在档案数字化实施过程中都比较重视档案实体及其信息的安全问题，但总体上还存在着以下几个主要问题。

1. 相关法规、标准不健全

2009年11月国际标准化组织发布了一项安全管理领域的国际标准《风险管理-原则与实施指南》（ISO 31000—2009），有效地指导管理实践。该标准是一项各领域通用的风险管理国际标准，是世界范围内的风险管理的最新理论和最佳实践。

我国政府于2009年发布了国家标准《风险管理　原则与实施指南》（GB/T 24353—2009）。作为我国各组织实施风险管理的最高级别标准，此标准正是参照《风险管理-原则与实施指南》（ISO 31000—2009）编制的。目前，该国际标准只在国内部分行业借鉴和运用。从整体来看，在专业性领域针对风险管理的法规准则及政策少有出台，相关标准相对宽泛，各种风险事件，没有适合的法规及标准"对症下药"。

在档案数字化方面，国家层面出台了相关指导性文件和标准规范《纸质档案数字化规范》（DA/T 31—2017）、《缩微胶片数字化技术规范》（DA/T 43—2009）等技术标准，从整体看相关标准还不够健全，还有很多工作缺少操作规范，同时我国对档案信息数字化方面的理论研究甚少，相关文献很有限，在业界也缺少系统可靠的理论指导和技术支撑。特别是涉及档案数字化过程中的安全管理、风险控制等相关规范及标准尚未建立，难以指导和规范档案数字化的安全管理工作。

2. 风险管理意识淡薄

档案的安全管理与保护极其重要，业界已经认识到档案数字化过程中风险管理的重要性，但在实际数字化工作中相关风险管理研究还缺乏系统性，对潜在风险的评估和预警管理相对滞后，风险管理在实践中的应用不够，风险管理多为事后控制，缺乏主动性，缺乏风险管理整体策略。无论是组织档案数字化建设的档案部门还是数字化加工承揽企业方，风险意识都相对淡薄，风险管理制度不完善，特别是在风险管理控制、风险评估以及预警机制等方面的管理水平尚待提高。

3. 忽视数字化安全风险管控工作

近年来，在档案部门大力推进档案数字化工作的过程中，档案信息安全隐患日益凸显，风险积聚。有些单位急于上马，认识不到位，安全意识淡薄，注重抓进度任务而忽视质量与安全的把控；个别单位甚至发生了数字化档案信息外泄、丢失的严重事件。随着越来越多的档案部门开展档案数字化外包，各种档案安全风险在实施过程中正在不断叠加，将给档案管理造成较大损失，也带来较严重的社会影响。

（二）档案数字化风险管理的目标

档案数字化风险管理是将贯穿在整个项目实施过程各个环节中客观存在的各种风险进行系统的分析、识别、认识和归类，探讨风险因素的具体形式，剖析风险复杂多变的深层原因，明确风险管理的目标，在既定目标下，明确风险管理的任务要求，采取相应措施，防范和控制各类风险的出现，确保档案及其信息的安全。档案数字化风险管理的目标是：根据风险的来源，结合数字化流程，以档案管理角度为出发点，形成项目风险列表，列出在档案数字化外包工作流程中，可能出现威胁档案安全的因素以及可能造成的风险后果，建立科学的综合风险管理体系和具体的风险控制方法。"凡事预则立，不预则废"，档案数字化风险管理可以为开展数字化项目的决策者做出理性、客观、科学的安全管理决策提供依据，从而建立风险管理体系，避免出现重大决策失误和安全事故。

（三）档案数字化风险管理的主要内容

为满足目前档案数字化安全管理的需要，本书主要立足于档案数字化安全管理研究成果，针对风险识别与风险控制两个环节的风险管理要求进行详细的分析与研究。档案数字化风险管理的内容，具体而言可以概括为"两个出发点""三大方面"以及"多个切面"，如图6-3所示。

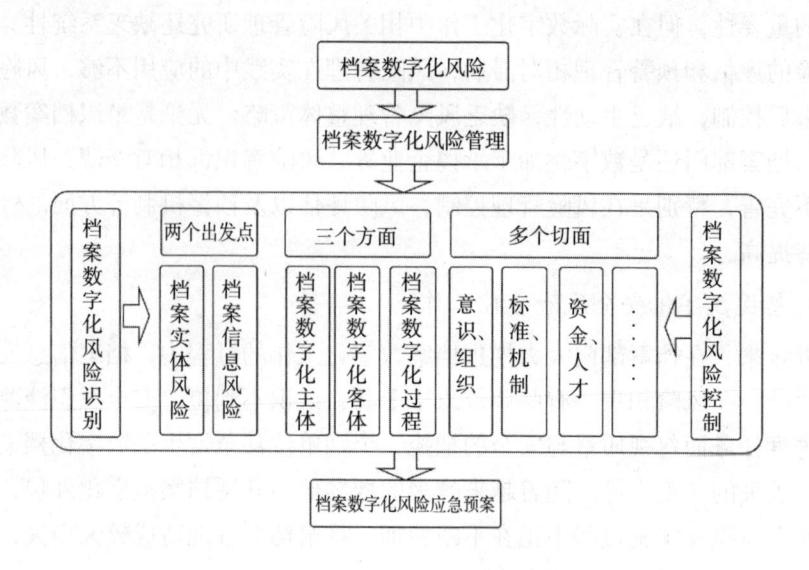

```
                    ┌──────────────────┐
                    │  档案数字化风险  │
                    └────────┬─────────┘
                             ↓
                    ┌──────────────────┐
                    │ 档案数字化风险管理│
                    └────────┬─────────┘
┌────────┬──────────────┬──────────────┬──────────────┬────────┐
│档案数字 │  两个出发点  │   三个方面   │   多个切面   │档案数字│
│化风险识 │┌────┬────┐ │┌───┬───┬───┐│┌──┬──┬──┬──┐│化风险控│
│   别   │档案│档案│  │档案│档案│档案││意│标│资│..││   制   │
│   ⇨    │实体│信息│  │数字│数字│数字││识│准│金│  │⇦        │
│        │风险│风险│  │化主│化客│化过││组│机│人│  │        │
│        │    │    │  │体  │体  │程  ││织│制│才│  │        │
└────────┴────┴────┴──┴────┴────┴────┴──┴──┴──┴──┴──┴────────┘
                             ↓
                    ┌──────────────────────┐
                    │ 档案数字化风险应急预案│
                    └──────────────────────┘
```

图 6-3　档案数字化风险管理内容

（四）档案数字化风险管理的原则

档案数字化是一项系统工程，其风险管理应遵循以下原则：

1. 事前管理、主动防御原则

最好的风险管理就是预防风险的发生。《左传·襄公十一年》记载，居安思危，思则有备，有备无患。事前分析各种安全风险，采取全面防范、主动防御的办法建立起预警、保护、检测、反应、恢复的闭环反馈，主动发现和及时消除安全隐患，才能将各种安全危险"拒之门外"，提前防范和化解各种风险。从风险分析出发，及时预测和适应环境与技术的变化，并随环境与技术的变化主动采取各种防御措施，构建起整体的、动态的信息安全防御体系。

2. 稳定协调、均衡防护原则

稳定协调、均衡防护要求确保各部分的风险防范水平基本一致，无明显薄弱环节或"瓶颈"。档案数字化是流程化的系统工程，包含数字化工作组织、各个加工阶段、数字化成果管理等多个工作环节，存在着多种风险因素，因风险因素间具有连带性和延续性，某个环节的风险一旦发生，则可能产生"牵一发而动全身"效应，其他环节风险防范做得再好也无济于事。例如，在数字化扫描过程中纸质档案实体被人为恶意篡改，则后续图像处理、质检、保存各个环节风险防范如何严密，都无法改变档案受损的事实，后续严重的危害还将继续发生下去。

只有从基础设施、工作环境、系统功能抓起,全员、全面、全过程强化安全,保证各个环节风险防范都严密,没有"木桶效应"的短板,形成统一协调、责任明确、齐抓共管的态势,才能形成立体、全方位的档案数字化项目的整体安全。

3. 适当防御、重视成本效益原则

这里的成本效益中的成本,是指数字化项目实施风险管理措施所要投入的时间成本、人力成本、设备成本、资金等。效益则是指资源(成本)投入所达到任务的成效。

安全管理应该实事求是,避免急于求成、铺张浪费、脱离实际,造成不必要的资源浪费。确切分析各种风险事故发生的概率及其可能造成的损害,根据档案的实际价值及其风险系数确定防御。要有科学的规划和评估,从"投入"与"产出"的对比分析来看待"投入"(成本)的必要性、合理性,抓住防御重点,减少安全系统的规模和复杂性,提高系统的运行性能,即努力以尽可能少的成本付出,创造尽可能多的使用价值。

同时,档案数字化风险管理也是缜密、谨慎的工程,并非动辄以遵循成本效益原则为由简化风险管理的程序,即使确实需要运用成本效益原则也必须有必要的分析和论证。有时虽然要增加一定的费用开支,但能获取长期的效果。如购置一台多功能智能监控设备或增加一套信息安全管理软件,较之其他功能单一设备需要增加开支,但因此可节省其他设备购置、维护费用,提高设备效率和安全系数,从而提高了风险管理的综合防御能力。因此这种成本观念可以说是"花钱是为了省钱",都是成本效益观的体现。

(五)档案数字化风险管理的基本环节

档案数字化风险管理的基本环节包括风险管理规划、风险识别、风险评估、风险控制、风险效果评价与监控等基本环节。风险管理的每一环节都包括具体的工作内容及需要解决的问题。如表 6-1 所示。

表 6-1 档案数字化风险管理基本环节

工作环节	工作内容/解决的问题
风险管理规划	风险管理规划 建立风险管理组织、确定组织人员、明确责任
	确定风险管理目标、任务
	制订风险管理计划、制订风险管理应急预案
	成本预算等

续表

工作环节	工作内容/解决的问题
风险识别	确定风险识别方法
	明确各个工作环节基本风险
	分析风险因素
	分析风险之间关系
风险评估	查找风险防御的重点
	评估风险的损失类型及概率
	控制风险成本
风险效果控制	明确档案数字化应对策略
	明确风险控制部门或人员
	落实风险控制资金、设备、技术
风险效果评价与监控	对风险管理的执行情况和效果进行整体评价
	追究重大风险责任部门和人员过失
	对风险管理不力的环节加以改进
	过度防御的部分降低防御成本
	制订新发现的风险的风险管理方案

以上风险管理的基本环节中,风险识别是风险管理的基础,风险控制是风险管理的关键,故需要特别强调。

对于任何一个项目而言,项目风险识别都是一项贯穿于项目实施全过程的项目风险管理工作。它不是一次性行为,而应有规律地贯穿于整个项目中。风险识别包括识别内在风险及外在风险。内在风险指项目工作组能加以控制和影响的风险,外在风险指超出项目工作组等控制力和影响力之外的风险。风险识别的方法有很多,任何有助于发现风险信息的方法都可以作为风险识别的工具。如果单就某机构或单项业务识别风险,则识别方法选择相对灵活、多样。以下是一些常用的风险识别方法。

①头脑风暴法,也称集体思考法或智力激励法。通过专家会议,营造无批评、畅所欲言、相互信息交换、相互启迪的环境,从而产生"思维共振",达到互相补充并产生"组合效应",获取更多的信息,使预测和识别的结果更准确。

②德尔菲法,又称专家调查法。它是依靠专家的直观能力对风险进行识别的方法,通过函询收集专家意见,然后加以综合整理,再匿名反馈给各位专家,再次征询意见。这样反复经过四至五轮,逐步使专家的意见趋向一致,作为最后识别的根据。

③情景分析法。它是根据发展趋势的多样性,通过对系统内外相关问题的系统分析,设计出多种可能的未来前景,然后用类似于撰写电影剧本的手法,对系统发展态势做出自始至终的情景和画面的描述。当一个项目持续的时间较长时,往往要考虑各种技术、经济和社会因素的影响,可用情景分析法来预测

和识别其关键风险因素及其影响程度。

④核对表法。通过查看相关历史记录罗列出本单位在实施其他业务系统中经历的风险事件，结合本系统的实际进行核对。

⑤流程图法。首先要建立数字化项目的总流程图与各分流程图，以展示实施的全部活动，显示出项目的重点环节。它们可以帮助分析和了解项目风险所处的具体环节及各环节之间存在的风险。运用这种方法完成的项目风险识别结果，可以为项目实施中的风险控制提供依据。

其中头脑风暴法对应查找可能的风险隐患及其来源，并立足风险因素来源进行系统分类，归纳档案实体风险、信息风险、软硬件环节风险和组织管理风险方面，并逐一探讨具体风险因素的表现形式和管理措施。同时综合灵活运用其他分析方法，如收集各类档案数字化工作材料；咨询相关专家；查找相关案例等。以上这些方法贯穿于整个档案数字化环节风险因素的分析与识别的始终。

第二节　档案实体风险及其管理

一、档案实体风险因素分析

（一）档案实体准备阶段的风险因素

档案数字化前需进行一系列准备工作，涉及实体档案的操作主要有密级鉴定、扫描件区分、整理与统计、状态检查、档案修复、数字化方式选择等，这些环节中都存在着风险因素。

1. 密级鉴定

实际工作中需鉴定的档案数量浩大，鉴定程序复杂，鉴定标准难以掌握。特别是涉密档案解密程序复杂，涉及面广，鉴定难度较大，易发生不鉴定或鉴定不准确等现象，甚至不区分涉密档案和非涉密档案等情况，可能造成涉密档案在数字化流程中出现丢失、泄密事故，造成严重后果和难以挽回的损失。

2. 扫描件区分

区分扫描件、确定馆（室）藏档案中哪些档案可以列入外包数字化范围是档案数字化的一项依据性基础工作。一些档案部门由于认识与重视程度不足，未能组织专家鉴定，单凭个人主观决断，这种决断易受知识水平等因素的影响，可能会造成扫描件与非扫描件区分不准，应扫描件未列入扫描范围，遗漏应扫描件，或重复件较多等情况，进而造成数字化后成果信息不完整或重复信息较多等问题，导致资金资源浪费，影响项目质量和进程。

3. 整理与统计

由于历史原因，档案可能存在未编制或漏编、错编卷内目录现象，且在统计整理阶段未能及时更正或整理错误，造成文件漏扫、排列顺序与原件不符，进而导致档案信息不完整。档案统计不准确，可能造成档案丢失不能查找，出库入库交接不清等问题。

4. 状态检查

档案实体状态检查即指档案实体初始状态检查，主要包括档案破损、清晰度、粘连等保存情况以及附件、页数等的完整情况。若未进行细致检查和登记，则存在扫描件与实体不能对比质检，数字化过程中造成的损坏不能认定，数字化完毕后发现的实体破损责任不清等风险。

5. 档案修复

在馆（室）藏档案中，有些档案实体存在破损情况，特别是有一些年代久远、弥足珍贵、稀缺、质地脆弱的档案，在数字化前如果未能进行修复处理或采取必要的保护措施就进行数字化加工，易导致档案实体损毁或破损加剧。在修复过程中由于操作不规范、选择工具不当、缺乏专业知识等原因，也可能导致档案实体损毁，造成的损失将无法挽回。

6. 数字化方式选择

档案数字化方式应依据档案本身状况（材质、质量、颜色、大小等）制定。方式不合理，可能产生损毁档案实体、数字化信息质量差等问题。

（二）档案实体出、入库过程的风险因素

档案数字化加工过程中需要将档案出库移交给档案数字化加工部门，涉及的具体工作有档案清点、出库、入库、下架、上架等，期间还需要办理交接手续和做好监督管理工作。如果档案加工场地距离档案库房较远还涉及装箱、运输的工作。所有这些工作环节都存在风险因素。

1. 下架与装箱

在下架与装箱过程中，都能直接接触到档案，档案可能存在被损毁的风险。档案装箱后的逐箱清点有误及未做逐箱标示或标示不准，可能存在交接不清、档案丢失、责任问题无法认定等风险。易损档案装箱后未能充分考虑运输过程中的安全问题，未做相应的保护措施（如填充物和特殊装具的使用等），可能存在档案乱序、破损等风险因素。

2. 搬迁运输

运输过程中，未能完全预估工作中可能遇到的问题与难点，对于可能出现的（雨雪天气、过水路面等）安全问题，未能做到充分的预防和保护，可能出现档案实体受潮、受污、破损、丢失等风险。

3. 入库上架

档案数字化加工完毕后，在整理、清点、入库与上架的过程中未及时、细致地检验外观和清点核对数量，对数字化过程中造成的破损档案未能及时采取补救措施，可能出现档案遗漏、丢失未能及时弥补损失和追责困难等风险。上架过程粗暴蛮力，易造成档案破损；未按原顺序摆放，可能出现查找困难等风险。

4. 出库入库监督

如果缺乏有效的监督手段，如未能通过监控视频、人员监督、全程录像等手段进行出入库监督，可能存在出入库相关人员安全意识懈怠，不重视档案实体安全，造成档案丢失、受损等风险。

5. 出入库交接

档案出入库交接双方未履行审批手续或事后补办，或委托他人办理，相关手续不齐全、不规范，未及时整理、妥善保存接收的档案，可能存在档案丢失、出现安全问题互相"扯皮"，难以追责等风险。

（三）档案实体拆卷与装订过程的风险因素

一些档案在数字化加工时需要拆除装订，扫描后需要恢复装订。这两个工作环节中都存在着风险因素。

1. 档案拆卷

档案拆除装订不规范，易导致人为损坏档案。特别是一些历史档案或资料，由于历史久远，纸张本身脆弱，如果随意翻折，很容易导致档案破损；另外，档案数字化加工人员缺乏档案工作经验，为了赶速度，图省事，拆除濒危档案的金属品时，方法不得当，可能存在撕裂档案的危险。尽管这些纸质档案只占少数，但是由于档案的不可再生性与唯一性，这些危险因素不容忽视。

2. 档案装订

档案扫描完成后，要进行细致认真的装订。装订工作不规范或错误操作，可能存在档案原貌受损或丢卷、漏页，改变原装订的位置（如改右装订为左装订）、未采用专用装订线，使用金属装订物装订不齐，划损、折伤等风险。

（四）档案实体出、入盒过程的风险因素

档案数字化原件出、入盒过程中，需要大量的抽取和移动、档案纸张翻转操作，对档案实体的安全构成了很大的威胁。为提高工作效率，档案数字化加工人员容易忽略盒与盒之间、件与件之间、件内文件之间原有顺序，导致档案大量原件堆积，事后无法还原。其中的主要安全问题包括：档案丢失、折伤、划损、乱序等。

（五）档案实体临时保管的风险因素

为提高档案数字化工作效率，通常将批量的档案出库迁至数字化操作区附近场所进行临时保管，较之专门的档案保管库房，临时保管场所管理条件和自然环境要求易被忽视，如不设置专门的管理人员、随意调卷不设置权限、未配置安全防护设施、空气质量不良等，此管理条件和环境下保管实体档案存在受损、丢失等风险。

（六）档案实体人为操作的风险因素

档案数字化加工过程中人为接触档案的环节非常多，如上文所述：档案实体出入库、出入盒拆装、数字化加工等工作都是由人来具体操作和执行的。这些操作环节都可能带来安全隐患，这些安全隐患主要来源于人的主观因素给数字化工作带来的种种风险。这些风险虽然表现形式和影响范围各不相同，但都离不开人的思想和行为，风险表现包括：决策失误、设计错误、监理人员失职、不规范操作、误操作等。

二、档案实体风险管理

档案数字化工作中，档案实体安全和档案信息安全是档案安全体系建设的两个核心要求，其中档案实体安全是基础，是前提条件，显得尤为重要，因为档案实体与档案信息紧密相连，档案实体保护不好，档案信息的完整、准确、安全便无从谈起。

（一）档案实体的风险管理总体要求

档案部门在制定本单位、本部门档案数字化实施方案以及相关安全管理方案、安全管理制度时要明确对档案实体风险管理的总体要求。其主要包括：①明确区分涉密与非涉密档案；②制定档案数字化扫描范围；③在数字化准备阶段各个环节中，明确接触、拆装、保管操作对实体档案的保护要求；④做好破损档案的修复工作；⑤规范档案的清点统计与整理的操作。

在档案数字化外包组织、招标、签订合同协议过程中，档案部门应当将这些要求以书面形式提出并告之承接项目的档案数字化服务机构，同时应将各要求写入相关制度和合同协议中。档案数字化服务机构应将这些要求纳入档案数字化加工管理的各项制度中，同时要通过人员培训、日常监督管理和责任制考核等手段，强化档案实体风险管理的意识和要求。

（二）实体准备阶段的风险管理

控制和消除档案数字化实体准备阶段的风险因素是开展档案数字化安全工作的基础。这一阶段风险管理的要求是：区分涉密与非涉密档案，明确扫描对象，确保档案实体整理科学规范。其基本任务主要有两项：一是开展档案基础鉴定，分析并确定对哪些库存档案进行数字化处理，将无须和不宜进行数字化处理的档案剔出并说明，尤其要区分涉密与非涉密档案并分别造册；二是开展数字化档案的数量统计、状态检查、破损档案修复等档案整理工作，使档案的状态、载体质量等都达到档案保管和数字化处理的规范要求。

1. 明确档案实体准备阶段的风险管理要求

明确档案实体准备阶段的风险管理要求，并且将这些要求纳入各类制度和实施方案中，同时检查、确认档案数字化过程中各个环节的纸质流程单，在与档案实体同步流转时，涉及档案实体风险管理的每个要求是否落实与体现。如每个档案交接环节需要双方清点签字栏目是否设置；在数字化过程中发现档案原件缺损、污损等情况的，要及时反馈、登记处理等的信息是否有反馈项目等。

2. 严格鉴定涉密与非涉密档案

为使档案解密划分准确无误，档案部门应组织对涉密档案进行解密鉴定，并且建立涉密档案清册。对于标有密级且未经解密的档案，不得交由档案数字化服务机构整理、数字化加工。

3. 全面细致地对档案实体进行规范整理

检查、调阅数字化范围内的档案，将无法扫描（如纸张破损、粘连等原因）和重份的档案用书签纸标识，并重新编写页码，生成与卷内文件一致、完整、准确的卷内目录，这些档案经档案部门同意后，不纳入档案数字化的范围。在此基础上，开展案卷整编。对根据相关标准检查存在的未编制卷内目录或漏编、错编现象，要及时予以更正，未编张号、页号或错编、漏编的要补编和更正；同时，要理顺档案资料排列顺序，保持档案资料的齐全、完整、准确，处理单、定稿、附件、浮贴等不缺不漏。

4. 明确不同类型档案数字化的方式

列入数字化对象的档案需按照档案实体的情况确定和优选数字化方案，特别是要针对不同门类、不同类型档案分析其风险因素，并优选数字化方式，以达到降低和避免档案安全风险的目的。例如，一些档案适宜扫描、有的档案需拍摄；同样需要扫描的档案，应用的扫描仪也不同，有的档案需大幅扫描仪，有的档案适宜运用高速批量扫描仪。

5. 对破损档案开展抢救修复

逐卷、逐页检查案卷，将纸张缺失、破损、霉变、发黄、变脆等，无法进行正常扫描的档案分拣出来。这些档案要先进行抢救修复处理，以确保档案纸张能够满足数字化扫描的技术要求。特别是对那些年代久远、弥足珍贵、稀缺资源、质地脆弱的档案，在数字化前进行必要的修复处理和保护措施后，再进行数字化加工。具体抢救修复技术措施包括：加固破损档案载体，对有空洞、残缺或折叠磨损的部位进行修补；稳定、恢复出现褪变、扩散的档案字迹；迁移载体濒临灭失的档案信息；对珍贵档案进行去酸和复制处理等。

目前，档案抢救修复多采用传统手工技术，工序复杂难于掌握，有实际经验的人才不多，有的基层单位没有专用的档案抢救修复场所，有的抢救场所设备简陋。这些问题严重威胁着档案的安全，需要我们加大投入，引进和培养档案抢救修复的人才并配备先进的档案抢救修复设备。

6. 做好详细准确的统计登记工作

档案统计登记应具体详细，以确保档案数字化后档案账物一致。一般档案统计登记工作包括以下几项。

①数量统计，如卷、页、册、盒、件及相关附件等。

②类型统计，如各类专业档案数量、文本、图纸、实物档案、照片、期刊数量等。

③保管期限情况统计，如永久档案、长期档案等。

④档案状态统计，如档案破损情况、表面状态等；同时，做好登记备案，包括鉴定和整理过程中发现的错误和处理方法、破损档案采取的修复措施等。

准确的档案统计登记工作能为档案出、入库的规范打好基础，为档案提取和入库提供准确的核对凭证。

（三）档案出、入库的风险管理

各级档案部门应当建立严格的出、入库操作程序，规划好出、入库路线，指定专人负责档案实体出、入库工作，入库上架有序，全程实施安全监督。档案部门与档案数字化服务机构双方都要严格执行档案出、入库（室）的登记和交接，交接双方应当面办理出、入库交接手续，仔细清点核查，不能事后补办或委托他人办理。交接完毕后，交接双方经办人、所属单位和单位法人应在档案资料移交单上签名或盖章。全部验收合格后，应签订必要的保密协议和后续服务协议，明确后期服务时限，相关手续与协议应及时归档。

如档案实体需装箱长距离搬运时，还应在箱体上标明相关信息，并充分保障运输过程安全。在档案搬运过程中应责任到人，目标到位。从档案装箱到运输，全程需有馆内人员监督，并要充分估计出库及运输工作中可能遇到的问题与难点，做好安全防火、防雨等工作，对于其他影响安全的事件应充分做好应急预案，切实做到有条不紊，确保档案在出库及运输过程中不乱、不少、不损、不污、不泄密。在确保信息载体和移交途径安全后，进行档案入库，入库时逐卷（册）、逐件（张、页）进行清点、整理，按原始状态登记、整理、上架。

（四）档案拆卷与装订的风险管理

一些档案在进行数字化加工工作时需要拆除装订，拆除装订需要细致，以确保不损坏档案实体。案卷启钉、拆分时，应保证纸张的平整。抚平边角等一系列程序必须具有规范性。如遇到档案纸张质地脆弱，不适合反复拆装订的档案，应采用不拆卷扫描方式进行扫描。

扫描工作完成后，拆除装订物的档案应按档案保管的要求重新装订，应注意保持卷内文件的顺序不变，做到安全、准确无遗漏。对数字化加工完成的档案实体进行检查，出现安全问题及时退回，重新整理。装订时遵循尽可能保持档案原貌的原则，装订应按照历史档案原有的装订方向进行，尽量不更换装订的位置。对于装订时某些页面必须进行折叠的情况，应以尽可能减少折痕数为原则，能不折叠就尽量不折叠。通常档案装订采用专业装订线进行装订，而不使用金属装订物，如原始档案中发现金属装订物，应予以剔除。档案装订，应遵循"两对齐"要求，即装订线一侧边缘对齐，档案内页下边缘对齐。档案装订应尽可能地按照原来的装订孔位进行穿线装订，尽量不要新打孔装订，力求保护原件。

（五）档案出、入盒的风险管理

制定科学的流程和处理方法，尽量减少档案出、入盒次数，既确保档案数字化加工的质量和速度，又保证档案出入盒过程的安全。数字化操作时应以盒为单位，做到处理完一盒才能继续下一盒，处理完一页还原后才能继续下一页。

处理完毕后的档案和未处理的档案应分开放置，加工现场调取的档案下班前必须入库保存，未处理完毕也不能留在加工现场，以最大限度地避免档案的丢失、堆积、夹带和乱序。细节决定成败，此环节看似无关紧要，但从大规模档案数字化来看，每一个细小环节都是十分重要的，除上面提到的之外，还有一些细节包括：档案盒如何摆放最利于操作人员获取和归回、盒内文件横向取出还是竖向取出、扫描仪和计算机摆放位置与角度等，这些都需要根据加工流程和操作人员的操作习惯及具体实践来确定，以确保这一环节档案安全有序管理。

（六）数字化档案临时保管的风险管理

档案临时存放也应按照档案保管防护要求进行保管。要有专门的临时保管库房，符合档案馆（室）建筑设计规范的要求，确保临时保管库房达到或接近档案保护要求，并配置必要的安全防护设施，如温控、去湿、去酸、消毒、防尘、防污染、防火等必要的档案安全保护设备，配备救灾必需的运输和通信工具等。同时制定完善的安全保管制度，制度内容应包括人员及档案的出入管理、安全巡检、设备维护等，并配备专门保管人员和调档人员。

第三节 档案信息风险及其管理

一、档案信息风险因素分析

相对于档案实体的安全风险，档案信息的安全风险更大、更复杂，从我国已发生的一些档案数字化安全事故来看，大都属于档案数字化信息安全类事故，造成的社会影响更严重。

档案信息具有非直读性、易更改性，格式、标准等技术依赖性，载体与信息可分离性，存储容易、便于复制性等特点。在档案数字化加工工作中，档案信息在扫描、处理、目录与全文挂接、检查、移交接收、存储备份等工作环节上有着很大的安全脆弱性，很可能会产生数据质量、信息遗漏或丢失等问题，甚至会出现信息泄密、失窃、篡改及破坏等情况，且难以被档案部门的管理人员现场发现。

档案数字化过程中档案信息的主要风险点，包括档案数字化加工系统的风险，网络、设备部署与安全防御的风险，数字信息著录、导入的风险，数字信息处理、存储、检查和验收的风险，下面进行逐类风险分析。

（一）档案数字化加工系统的风险因素

1. 系统功能风险

系统功能风险主要是指档案数字化加工系统的功能设计缺陷可能造成的风险与损失。目前，一些档案部门进行数字化加工时，往往会采购一套数字化加工系统，或仅仅使用图像扫描软件；大部分数字化档案服务机构都自行开发加工系统，这些档案数字化加工系统的功能各行设计，没有统一的标准规范，缺乏有效的系统测试评估，也没有经过大量的实地操作检验，不能满足档案部门实际工作需求，造成系统功能的先天性自身缺陷，从而严重影响着数字化工作的质量。具体风险表现主要有以下几方面。

①系统兼容性差。如档案数字化扫描完成后数据无法导出，数据库内数据不能导出或不能形成通用标准格式，将影响数字化成果的可读性和数据的利用与共享服务。

②缺少关键功能模块，或功能设计不符合标准规范。这关系到档案数字化加工的技术方案和技术指标的实施与准确实现，最终影响档案信息的真实性、完整性与有效性。

③系统运行操作中错误率高，影响工作效率，导致工期拖延。

④系统设计过于简单，自动化程度低，致使大量辅助性手工工作参与其中，效率低下；设计过于复杂，为使用者增加操控难度，导致增加额外的培训时间，工作效率降低。

⑤系统缺少安全管理功能。如权限分配、安全审计、密码管理等，存在信息丢失、泄密、篡改等风险。

⑥系统漏洞。系统漏洞又称安全缺陷，一方面给系统稳定性留下隐患，另一方面给木马、黑客工具等恶意程序的传播和攻击提供机会，对整个管理系统中数字化档案信息构成威胁等。

2. 系统运维风险

由于信息技术发展迅速，产品生命周期较短，软硬件不断升级，档案数字化加工系统的更新换代非常重要。旧的加工系统形成的文件在新系统下无法打开的例子比比皆是。这就对档案信息的交换、共享、长期保存带来巨大难题，可能产生错码、乱码、无法识别等现象。

档案数字化加工系统的系统管理员或数字化用户都应配置相应的权限。在有的系统中，管理员或用户成为超级管理员，拥有毫无制约的"超级权限"，而利用这些权限破坏整个数字化加工系统安全的隐患很普遍，如操作口令的泄露、磁盘上的机密文件被人利用、临时文件未及时删除而被窃取、管理人员自身的蓄意破坏等，都可能使系统安全机制形同虚设。

3. 系统管理风险

系统管理的风险因素包括管理与参与数字化加工人员的安全意识淡薄或缺乏防范意识；责任部门对系统管理安全的现状认识不足，安全管理人员和技术人员缺乏必要的专业安全管理知识，没有建立完善的系统安全管理体系等。系统使用者缺乏安全防范意识，在访问控制及安全通信方面考虑不足，在系统设置中很容易造成安全隐患。管理制度不健全，人为因素造成的安全漏洞无疑是整个数字化加工系统安全性的最大隐患。缺失严格的系统运维管理制度、操作规程，将无法使系统正常运行，可能给档案数字化工作带来巨大安全风险，甚至造成损失。

（二）网络、设备部署与安全防御风险因素

1. 网络、设备部署风险

档案数字化加工系统未部署封闭性独立网络，与互联网、政务网等其他网络互联，就存在数字化信息被非法窃取、盗用、篡改、删除等安全隐患，所带来的风险巨大。

档案数字化加工系统未配备先进、稳定、可靠的服务器、扫描仪、大容量数据存储等设备，如一些档案部门采用办公更新下来的服务器、计算机、硬盘与磁带；数字化加工服务机构自带的设备使用年限过长，严重老化，在数字化加工过程中就存在服务器死机、系统崩溃、扫描图像质量差、存储数据丢失等安全风险。

2. 安全防御风险

档案数字化加工系统未采取相应的基本安全防御措施，如计算机密码、杀毒软件、行为管理软件、软硬件防火墙、入侵检测软件等的设置或安装；数字化所用计算机及其他设备未进行屏蔽和留有无线网络功能、移动接口；数据交换时，无负责人员授权且全程监控等，这些都可能为风险打开方便之门。

（三）数字信息著录、导入的风险因素

档案目录著录不规范的原因很多，最主要的原因是著录标准执行不严格和工作人员档案知识匮乏、著录疏忽等。结果表现为：题名著录错误，原文件没有标题、拟制标题不全不能反映文件内容；密级标示错误，将未解密档案示为开放利用，存在泄密隐患；漏录、重复著录、串录等，存在档案信息缺失、数

据泄密、检索利用困难等风险。

档案目录著录与文件图像命名不一致，造成目录与图像无法关联；增加或减少必录的著录项目、随意填写著录项目、字段长度也没有按照规定的长度设置，直接导致档案目录导入数据库失败，也会造成档案关键信息缺失，这些都将严重影响数字化加工成果在档案管理系统中的有效检索和提供利用。

（四）数字信息处理的风险因素

档案数字化的基本原则是维护档案原貌（包括字符、标点、题名和用印等真实再现）。在档案数字化加工处理过程中，为确保档案数字化后的数据质量，通常采用的处理方法有图像纠偏、旋转、拼接、去污、调整阴暗度与色彩、分割、裁剪、缩放、压缩等。档案数字化图像处理不当会造成多种风险。

1. 纠偏、旋转风险

纠偏、旋转是指对出现偏斜的图像应进行纠偏处理，对方向不正确的图像应进行旋转还原，以符合阅读习惯。纠偏、旋转过当会带来图像失真、信息缺失的风险。

2. 图像拼接风险

图像拼接是指对大幅面档案进行分区扫描形成的多幅图像进行拼接处理，合并为一个完整的图像。图像拼接不好会造成整体图像的错位、不完整，直接影响档案数字化图像的整体性。

3. 图像去污风险

图像去污是指去除数字图像中影响图像质量的杂质。图像去污过当，会影响档案图像的原貌，甚至带来丢失图像信息的风险。

4. 调整阴暗度与色彩的风险

图像处理中，通过调整图像阴暗度与色彩来提高图像的清晰度。阴暗度、色彩调整失当会带来色彩偏差，与档案原貌不符。

5. 其他处理的风险

其他图像分割、裁剪、缩放、压缩等处理方法需根据图像和档案原件的具体情况适当运用，处理不当易造成扫描图像的不完整、关键信息缺失、不清晰、色彩偏差等风险，直接影响加工处理后的数据质量。

（五）数字信息存储的风险因素

当档案数字化量较大，需要存储到其他介质，或通过存储介质进行数据迁移时，需要将管理系统内或计算机内的数字信息进行转存。在这一过程中，数字信息存储安全风险因素涉及数字化成果存储格式、存储载体及安全管理等方面。

存储格式不常用、不标准，存在脱离原系统不能读取和不能长期保存的风险。文件命名未遵从相关标准，命名不规则，不能实现与目录唯一对应，会造成信息无法迁移、不能准确检索、无法读取等安全问题。存储载体本身存在质量问题，易造成信息不能正确读取、丢失等安全问题；载体管理不严格，工作场所随意携带载体出入，载体维修报废没有建立制度和安全途径，存在信息泄密和丢失等风险。

（六）数字信息检查和验收的风险因素

档案数字化完毕后的检查和验收工作是确保数字化成果质量的最后也是最重要的环节。如果数字化成果的检查和验收工作不规范或缺失，可能会导致数字化后的档案信息遗漏、成果质量不合格、工作手续与记录信息不全等一系列风险，后续出现的安全问题将无法追究。

1. 信息的完整性检验风险

数字化后的信息未经核对或核对不准，可能出现档案遗漏扫描、目录著录错误以及数据关联错误、显示有误、元数据丢失等风险。

2. 质量的检查风险

未能按各项协议和标准指标进行全面或抽样检验的，与原件对比，可能存在字迹不清晰、倾斜、变色以及缺边、错扫、漏扫等质量风险。

3. 目录数据的检验风险

如果目录著录不完整、不准确，著录后的数据未能进行及时的校验，可能存在信息不完整、原文挂接不准确、目录数据不能检索等风险。

4. 设备及留存信息的检查风险

档案数字化完毕后，未能对有信息留存的设备或系统（包括使用过的计算机、信息系统、移动存储设备与介质等）进行彻底清除、安全技术处理或必要时未请保密部门进行安全处理等，可能产生档案信息流失、档案信息泄密的风险。

5. 数字化成果入库的风险

数字化成果应导入相应的数据库。数字化成果导入过程中，有可能存在导入信息不齐全、不完整，数据挂接不正确、浏览检索有差错等风险。

二、档案信息风险管理

档案信息安全是随着现代计算机网络的普及、档案信息化建设发展出现的新问题。对于传统档案载体而言，档案载体和档案信息合二为一，档案信息固定在档案载体上不可分离，保护好了档案实体就基本实现了档案信息的安全。档案数字化后的数字信息则不同，因为其记录的信息可以轻而易举地被更改、复制、迁移而不留痕迹，因此在信息时代如何保障档案信息安全显得尤为重要。

档案信息风险管理，就是在档案数字化加工过程中建立健全人防、物防、技防三位一体的档案信息安全防范体系。档案部门应提高档案信息安全风险管理意识，明确责任部门与岗位责任人，强化档案信息安全风险管理职责与技术技能学习培训，配备功能齐全规范的数字化加工应用系统、网络以及安全保障等设施设备，要建立健全并严格执行各项安全管理规章制度，经常开展档案信息安全保密自查，及时发现和排除隐患，堵塞漏洞，严防档案损毁和失窃泄密事件发生。实行档案数字化外包的档案部门要加强对外包全过程的监管，会同外包服务机构主管，不定期对档案数字化加工系统、数字化图像处理情况、数字化成果存储进行安全检查，发现隐患及时督促整改。档案数字化加工过程中档案信息安全管理各个环节，应主要从保障档案信息的读取安全，保障档案信息不被篡改，保障档案信息不流失、不泄密等方面入手进行研究。

（一）档案数字化加工信息管理系统的安全管理

目前档案数字化加工信息管理系统非常多，基本功能相似，但各自特点也很明显，选择时要进行深入研究和广泛调研，结合自身特点选择合适的系统。特别是信息管理系统功能的完备性，对档案数字化流程中风险控制至关重要。

档案数字化加工信息管理系统承担着全文扫描、元数据录入、封装打包、归档管理等一系列档案资料加工工作，所发挥的作用贯穿整个数字化操作过程，而其安全要求是：在分析系统管理风险因素的基础上，通过完善系统功能设置、堵住系统漏洞、加强系统运维管理、强化系统安全管理意识，完善网络管理体系等方式，不断优化系统的安全管理，确保整个系统对数字信息的安全保护。系统软件的设计开发部门在系统设计开发时要针对系统可能存在的风险因素加以分析，从保护信息安全角度，不断完善各个环节功能的风险防范要求，确保系统中信息的安全防护。档案部门在组织档案数字化时应当对档案数字化加工信息管理系统的安全性进行评估和测试，选取安全可靠、能够有效保护档案信息安全的系统软件。档案服务机构不仅要设计开发或选用符合信息保护要求的系统软件，还要建立档案信息安全保护制度，健全档案信息与网络系统的安全保护体系，确保档案数字化过程中档案信息的绝对安全。档案数字化加工信息管理系统的安全管理功能应该包括以下几个方面。

1. 用户权限管理

要求对档案数字化加工信息管理系统的用户按照工作分工进行明确的权限划分。

2. 加工设备管控

对用于档案数字化的信息设备（计算机、U盘、移动硬盘等）在系统中进行登记备案，确保只有经过登记备案认证过的数字化加工设备才能接到数字化加工网络及计算机设备上。

3. 计算机端口管控

在数据备份或导出数字化加工成果时由档案馆（室）管理人员开启输出口，采用经过系统登记认证的移动介质进行数据备份或成果导出，实现对存储输入和输出口（USB、串口、红外、Wi-Fi等）进行有效的管控。

4. 数字档案保护

档案数字化加工在数字文件生成（扫描生成文件）时可以采取加密保护；在特定的环节上可以对操作的数字档案加上电子水印功能；在不改变作业习惯的前提下，能够实现早先数字化加工的数字档案进行手动批量的加密保护，能支持作业过程使用的所有应用程序对加密文件透明调阅；对作业过程需要提交的文档，能实现可控制的解密操作。

5. 加工过程跟踪

加工过程跟踪是通过建立日志审计记录，掌握数字化加工人员何时何地（指计算机）登入数字化加工系统、相关数字化加工操作行为动作（扫描、去污、纠偏、建立索引、数据质检、数据校对等）的信息记录。同时通过电子标识功能实现对操作人员具体对哪份电子档案进行了哪些操作行为（如复制、插入、截屏、删除等）的记录以及数字化成果的倒入、倒出的记录，实现数字化加工全过程的跟踪保护。对一些敏感和危险操作行为进行告警并记录在案。

6. 加工过程的档案备份

加工过程的档案备份是对数字化加工的数字档案进行的全量备份或增量备份，数字档案一旦被误删除和破坏，可以在很短时间恢复（全导入或增量导入）相应的数字档案数据，同时减少原件档案的拆封次数，避免原件的再次破损、丢失等风险。

7. 加密传输报送

加密传输报送就是使档案数字化成果导出到认证的移动介质上时处于加密保护状态，通过特定的上传、导入客户端工具解密后加载到档案应用管理系统的数据库服务器上，实现数字档案在加工过程中的全程保护。

（二）网络部署与安全防御风险管理

网络是档案信息传播的主要渠道。对于数字化加工过程来说，网络系统是杜绝失窃泄密情况发生的主要关卡。档案数字化所有的操作必须在一个封闭（物理隔离）的局域网络环境内进行，即与所有的外部网络（互联网、党政内网等）物理隔断，一般也应与内部网络系统（单位内部局域网、业务网等）物理隔离。同时，对数字化网络系统进行严格的监控，对服务器、存储、输入/输出接口执行安全控制，仔细研究网络环境建设的各个细节，保证数字化过程中档案信息只在闭环空间内流转。

1. 严把审核关

数字化网络系统应由具有网络涉密建设资质的企业承担建设。

2. 严把输入关

数字化网络系统内禁止安装使用无线网卡、无线键盘、无线鼠标等各类具有无线互联功能的硬件模块和外围设备，不得使用笔记本电脑、平板电脑等便携信息设备。

3. 严把输出关

封闭所有数字化设备的信息输出接口，封堵信息外泄通道，服务机构及其工作人员不能擅自启封使用。数字化局域网内信息传输的电磁泄漏也是信息被窃取的一大隐患，将干扰其他电磁设备的正常工作，一般需通过数据、文件传输加密或口令等控制措施保障数据传输安全，数字化所用计算机及其他设备均需屏蔽和关闭无线网络功能、移动接口（如光驱等）；需要数据交换时，需本单位人员授权且全程监控。

如果档案数字化加工信息管理系统确有必要与本部门局域网内相关档案应用管理系统相连，管理系统外围应配备软硬件防火墙、入侵检测系统，管理系统自身还需具备必要的安全防护功能，如权限设置，程序中应具备严格的权限管理与分配功能，以防越权访问或非法操作。同时具备完善的审计功能，以提供详细的操作日志和审计报表。另外，在网络各个终端，除为计算机设置使用者密码、配备杀毒软件等基本安全手段外，有条件的部门可以给计算机加装显示干扰器、电磁辐射干扰器，安装行为管理软件等高级别的安全控制设备，防止档案失窃泄密的发生。

（三）数字化成果著录、导入的风险管理

目录建库数据格式应选择当前通用的数据格式，所选定的数据格式应能直接或间接通过 XML 文档进行数据交换。档案目录数据库中的每一份文件都有一个与之以档号命名的档案图像相对应的唯一编号，以保证正确的关联关系。目录数据质量检查采用人工校对或软件自动校对的方式进行。检查的内容主要是核对著录项目是否完整，著录内容是否规范、准确，发现不合格的数据应进行修改或重录。

档案的著录方面，国家已经出台了一系列标准规范，对著录项目、著录格式、标识符号、著录用的文字、著录信息源及著录项目细则等方面都有规范要求，针对不同的档案类别也有相关标准，各地方根据自身情况也制定了相关标准，在著录目录时必须遵照这些标准执行。可参照的标准主要有《档案著录规则》（DA/T 18—1999）、《明清档案著录细则》（DA/T —1994）、《民国档案目录中心数据采集标准民国档案著录细则》（DA/T 20.1—1999）、《地质资料档案著录细则》（DA/T 23—2000）、《满文档案著录名词与术语汉译规则》（DA/T 20—2019）等。

（四）数字信息处理的风险管理

档案数字化后的数字图像需与原件对比，若与原件不一致，需对数字图像进行处理或优化，使数字化成品完整、清晰、端正，能够反映档案的原貌。如果档案数字化后的图像质量差，没有保持档案的原貌，那么数字化后的档案信息价值将大打折扣。

1. 遵循《纸质档案数字化规范》（DA/T31-2017）

总体要求遵循《纸质档案数字化规范》（DA/T 31—2017）的要求，制定档案图像扫描与信息处理技术规范，通过技术规范的操作培训，提高档案数字化加工操作人员技术水平。

2. 选用专业的图像处理系统

该系统需具备图像拼接、分割、裁剪、纠偏、旋转、去污、调整阴暗度、调整色彩、缩放、压缩等功能。设置统一的图像技术处理参数，严格按规范进行操作与处理。

其中图像拼接，不能影响档案数字化图像的整体性，要求精细无缝拼成完

整的图像；纠偏、旋转，以达到浏览视觉上基本不感到偏斜为准，方向符合阅读习惯；图像去污，不影响可懂度的前提下展现档案的原貌。在图像处理时留有 3 mm 左右的图像边界，防止图像缺扫、漏边；各种处理方法均以保持档案原貌为前提，适当提高清晰度、美观度，确保高质量的图像。

3. 制定相应的质量标准

建立严格的图像质检制度对图像清晰度、失真度等指标进行检查，发现图像处理质量有问题的，应重新处理；对那些不完整或无法清晰识别的图像，应重新扫描或修复后再扫描。应做好图像质检情况与处理意见、处理结果的记录。

4. 全程跟踪记录

操作方法和操作过程应通过系统日志全程跟踪记录，备审。

（五）数字信息存储的风险管理

信息存储格式应遵循标准要求，确保信息长期可读性；定期安全检测，发现威胁及时迁移；加强载体安全管理，严禁用于档案数字化的设备和存储介质与其他用途设备和存储介质交叉使用；非专用设备和存储介质严禁带入场所；设备和存储介质移出场所前，应进行安全保密技术处理，并经档案馆（室）审批同意后方可移出。

档案数字化的设备和存储介质不得擅自外送维修，维修应办理手续，应有专门人员现场监督。无法确保数据可靠清除的设备和存储介质，如打印机、硬盘、移动硬盘、U盘等，严禁外送维修，应由有涉密介质处理资质的维修机构上门处理。

移动存储介质和刻录设备应指定专人保管，每次使用应经批准和登记，并在保管人员的监督下使用，用后立即归还。

（六）数字化成果检查和验收的风险管理

档案数字化完成后，档案部门和数字化档案服务机构应根据协议要求和档案标准进行数字化成品的验收，此部分工作包括档案的完整性、质量、数据残留、手续办理等工作。检查和验收是保证工作质量的基本方法。检查和验收既能保障档案数字化工作的质量，为档案利用、档案查询、网络利用等工作打下坚实的基础，同时也能为数字化后的信息安全提供保障。检查与验收涉及的安全管理内容包括以下几项。

①建立完善的数据移交制度，确保数字化成果及其相关信息的顺利移交，移交数据应当完整、准确，手续应当齐全、完备，不留任何安全隐患。

②根据档案出库登记记录，细致核对档案原件，每卷、每盒、每页及页序都要进行检查核对，不遗漏、不乱序、无损伤，尤其是永久、长期的档案及加密档案。如有遗漏、乱序和损伤，应及时追回与修补。

③参照原件比对数字化图像质量，使其达到各项协议和标准指标的要求，反映档案的原貌，字迹清楚不失真，无倾斜、色彩正常，无错扫、漏扫。与原件对比数字化图像有明确的清晰度降低、变色、缺边等质量问题的应重新扫描。数据量较大而不能全部检查，应根据标准进行抽样检验。

④留存检查。验收期间，对数字化档案服务机构在数字化工作时使用的设备及系统进行信息留存检查，包括使用过的计算机、信息系统、移动存储设备等，对有信息留存的设备或系统进行彻底清除，并做安全技术处理，必要时请保密部门进行安全处理。

⑤所移交的数字信息的导入，要确保数字信息导入后齐全、完整，数据挂接正确，浏览检索无差错等。在确认无病毒，并验证有效后，按要求移交并储存到规范的档案信息系统数据库中。

数字化过程中扫描的数据从产生到最终成品，每个过程都需有电子日志记录，且电子日志均需一同移交给本单位。

第四节　档案数字化加工环境风险及其管理

一、加工环境风险因素分析

（一）加工场所、设施的风险因素

1. 加工场所选择的风险

选择的数字化加工场所应适宜档案存放，否则存在档案实体受损风险。数字化加工场地面积，应满足安置数字化所需设备的需求、操作所需空间的需要。面积不足，会影响设备安全布置与使用，设备安排不当会造成怠工的风险；档案存放区域与加工操作区域距离过远，在档案搬运过程中，存在档案容易磨损或丢失等风险。

2. 加工场所环境的风险

影响加工场所安全的因素有很多，主要包括数字化工作场所位置、建筑结构、环境温湿度条件、空气质量、光线、磁场等。例如，在不适宜计算机、扫

描仪等设备使用的环境中进行数字化加工，存在设备性能不稳和机件、电路锈蚀甚至不能工作，导致系统故障的风险。此类风险因素以不易察觉的方式缓慢损害档案实体、数字化设备，也会影响数字化所产生数据信息的质量。

3. 安全防范设备缺失存在的风险

档案加工场所内的安全防范设备的缺失会产生很多风险。没有火灾报警、防盗报警、视频监控、门禁等设施设备，就可能在发生火灾、防盗风险时，无法进行及时的报警和管控，就会造成工作人员人身安全无法保障的风险，就无法保障档案的安全，无法保障数字化作业顺利进行。

4. 日常安全管理缺失带来的风险

日常安全管理是指在档案数字化过程中，为了防止和消除事故，保障工作人员安全，保证生产安全，而在日常工作的组织管理中采取的安全措施。在日常工作中没有严格执行安全管理规章制度，没有落实安全责任制度，没有制定保证安全的计划措施，就会造成或产生安全隐患，带来危害档案实体和数据信息安全的风险，甚至人员与财产损失的风险。如果措施不到位、不严格或排查不细致，就容易发生安全事故。例如，日常工作中对出入工作场地的人员管理不严，有非工作人员随意进出，就存在档案数据失窃泄密的风险；视频监控摄像机选配、安装不当，可致视频监控有盲区、死角；监控摄像机拍摄到档案，或监控视频录像数据保存管理不当，不能为事故的事后分析取证提供完整的事故现场监控资料，也将会给档案实体、数据和档案数字化管理工作造成安全风险隐患。

（二）设备配备的风险因素

档案数字化设备是指支撑档案数字化工作正常开展、保障档案数字化顺利进行的设备，包括计算机，扫描、照相、录像、存储、网络等设备。设备的选择与应用是决定档案数字化工作成功与否的关键因素之一，也决定着数字化成果的质量。数字化设备选择与应用不当可能造成档案原件受损或损毁。例如，使用高速（轮转式）扫描仪去扫描规格不一、纸质较薄、较脆的历史档案，就会使档案有被挤皱、撕裂、拉断，甚至压碎的危险。另外，这些设备的选择不当、配置缺失、老化、性能不能满足需要或存在质量问题，就有可能造成档案原件破损、导致生成的数字化图像文件达不到标准要求、数据连接错误、无线传输信号失控，产生数据泄露等风险隐患。

（三）设备应用的风险因素

档案数字化设备使用之前，应进行检查和测试。新设备未经测试，不应投入使用，否则易出现档案实体损伤，给档案带来被损坏的风险。

新设备需要试运行，操作人员需要对新设备有一个适应过程。在档案数字化的操作上要根据档案特点选择使用设备。以扫描仪为例，如采用平板进纸方式扫描，则应尽量确保纸张扫描时放置端正，从而保证原始扫描图像无歪斜，减少后期处理可能带来的图像失真。对于档案中的"筒子页"，应当平摊后进行整幅扫描。折子页、图纸、表格等应整页扫描；超长页进行分页扫描后，要拼接成一页，以尽可能地减少由于设备选择或操作不当而造成的失误。

档案数字化设备的使用与保养人员若不具备专业技术或未经培训，容易出现设备使用中的蛮干、滥用、超负荷、超性能、超范围等不当操作，这些行为可能造成设备过度磨损、使用寿命降低等问题，更为严重的是会造成档案实体撕裂、高温烧损、字迹模糊等损坏档案实体安全等问题，以及数字化信息的分辨率低、色彩偏差等数字化质量问题。

二、加工环境风险管理

（一）加工场所的风险管理

档案馆（室）应设置专门的档案数字化加工场所。档案数字化加工场所一般应设在相对独立、可封闭的建筑内。要按照档案数字化加工规模的要求，安排足够的工作空间，同时场所的建筑要符合《档案馆建设标准》（建标103—2008）、《档案馆建筑设计规范》（JGJ 25—2010），从而达到基础设施配备齐全、档案存放与数字化工作环境符合"八防要求"的标准，尽量达到与档案库房相当的管理条件，确保档案实体与信息不受损毁。档案数字化加工场所的要求有以下几项。

1. 数字化加工场所的防火

档案数字化加工场所要建立防火机制；加工场所附近严禁存放易燃、易爆物品；加工场所内严禁吸烟，要安装火灾报警装置，并备有灭火器，要经常检查装置的保质期并及时更换；建立防火报警系统检测、更换记录。

2. 数字化加工场所的防潮

档案数字化加工场所内要备有温湿度计，经常检查记录。有条件的单位，应安装温湿度测控记录仪，并根据室内温湿度情况，适当开窗通风、擦地。也可采用空调、除湿机、加湿机等设备调节室内空气湿度，使场所内的温度符合14～24℃，相对湿度符合45%～60%规定范围要求。

3. 数字化加工场所的防尘

要搞好档案数字化加工场所的室内外环境卫生，保持清洁；档案数字化加工场所要配备有关防尘设备，如吸尘器等，对案卷、设备及场所内墙壁、地面定期或不定期地进行吸尘，以符合卫生规定标准。

4. 数字化加工场所的防鼠

首先，应着眼于堵塞鼠害洞穴；其次，要安装防鼠门，经常查看是否有鼠迹，定期放置灭鼠药。

5. 数字化加工场所的防盗

为保障档案数字化加工场所的安全，档案数字化加工场所要安装防盗门、外窗要安装防盗护栏，有条件的要安装防盗报警系统、电视监视设备和门禁设备，有效控制出入数字化工作场所的人员，防止非法侵入，保障档案和人员的安全。

6. 数字化加工场所的防光

数字化加工场所的外窗要装挂遮光窗帘，防止档案被阳光直接照射，造成档案字迹的褪变、纸张的老化。室内要安装非紫外线光源的照明设备，一般选用非紫外线（白光）日光灯，桌面照度达到每平方米低于200llx。

7. 数字化加工场所的防虫、防霉

除搞好场所内外卫生，控制调节好温湿度外，还要做好虫霉防治工作。档案入库前要进行检查和消毒处理；存放档案区域要放置防虫剂，并经常查看是否失效，另外严禁存放易滋生虫害的物品（如食物等）。

8. 数字化加工场所的防水

为防止水患对档案的损毁，雨季来临前要注意查看房顶，发现问题要及时处理；在取暖期要注意暖气管破裂、跑喷水问题，经常检查，发现迹象及时采取措施，把问题消灭在萌芽状态，以免损坏档案。同时，数字化场所禁止放置水杯，水杯放置要有固定位置，远离档案。

另外，在选择加工场所的位置时，应充分考虑对档案实体的保护，要避免档案实体长时间或长距离搬运带来的风险，工作用房要尽可能靠近档案库房。

(二)安全监管的风险管理

1. 加工场所安装配置监控设备

为确保档案数字化加工场所安全，场所中要安装安全防范类设施设备，有效预防各类事故发生。当出现突发安全事件时，这些设施设备能够及时对其进行控制，减少或消除事故影响。所以，加工场所必须安装符合要求的安全防范系统。根据不同区域的工作特点，要在加工场所内有选择地安装场景监视摄像机、行为监视摄像机和细节监视摄像机，数字化工作室内的监控要不留死角，特别是档案暂存处、服务器、数据导出端、工位及门窗等重要部位的安全防范监控要有所侧重，视频监控数据自产生之日起保存时间应不少于6个月。

2. 监控系统的维护与管理

重大安全事故发生的概率虽然很小，但多为突发性的，难以预测，所以安全防范设备要常年处在监测运行中。监控系统与设备应当由档案部门专人负责定期检查与管控；日常工作中要按安全防范监控设备的设计要求，对其进行定期检查和维护，防止出现设备故障、设备老化问题，保证在遇到危机时监控设备能及时发挥作用。

3. 日常安全监管

应指定专人负责档案数字化加工场所的安全管理，严格执行工作人员进出场所管理制度，加强对场所内相关人员的监督、管理。如工作人员必须挂牌上岗，必须对进出场所的人员进行安检和身份核查登记，严禁无关人员进入等。严格执行档案数字化现场不得带入有拍照、摄像等功能设备的制度；不得带入与工作无关的私人物品，包括手机、录音机、摄像机、笔记本电脑、各类移动存储介质等。工作人员不得在数字化加工场所内从事与数字化无关的活动，严禁在数字化加工区内喝水、进食、吸烟等。数字化加工场所还应配备符合国家标准并满足工作需要的档案装具及工作人员存放私人物品的专用储物箱柜，并严禁将场所内的任何物品私自带离场所。

(三)数字化设备选用与使用的风险管理

档案数字化设备风险因素产生事故的原因包括设备本身的不安全和人的不规范操作两个方面。因此，设备的风险管理主要应把握好设备的选用与使用两个方面。

1. 数字化设备选用的安全要求

数字化设备的选用应遵循高度的可靠性和安全性原则，减少设备故障，保障数字化加工安全。具体地，在选用过程中可考虑以下要求。

一是档案数字化加工过程中推荐使用档案部门提供的信息设备，使用数字化服务机构提供的信息设备的，档案部门应当对所使用的信息设备进行安全检查。

二是档案数字化加工过程中推荐使用国产设备，并使用正版软件。数据安全与网络监控软硬件必须使用通过国家安全认证的国产品牌产品。

三是在选择设备时要考虑设备对档案数字化的安全影响因素。

纸质档案扫描的设备选择应以不损毁档案为第一前提，对于纸张质量较差的，一般不使用带自动走纸的高速扫描仪，多采用平板扫描仪，以保护扫描过程中的档案不受损坏。

扫描仪的扫描方式、扫描速度因机器的结构和性能的不同而不同。在选择扫描设备时，要综合考虑档案材质来选择。扫描方式没有哪一种是最好的，也并非扫描速度越快就越好。选择扫描设备，要根据被扫描文件的幅面大小、数字文件规格（反映原貌的要求，包括分辨率、色彩等）、质地和厚度、配套的图像处理、数据管理软件等方面的需要，满足档案数字化的需求。

档案数字化通常选用平板扫描仪，一般要满足 32 位全彩色和 300 dpi 的需求。平板扫描仪一般是单面扫描。

滚筒式扫描一般用于厚度在 70 g/m^2 以上 A3 或 A4 标准文件的扫描，滚筒式扫描仪有单面扫描和双面扫描两种。

用于档案数字化的数码照相机，像素一般不能低于 500 万（非插值）。低于 500 万像素的数码照相机翻拍的档案，无法进行有效的 OCR 识别。

档案数字化使用的计算机一般采用台式机，并且不能装有无线上网、蓝牙传输、无线鼠标、无线键盘等无线数据传输配置，以有效防止数据外泄。

2. 数字化设备使用中的安全管理

要确保档案数字化设备在使用过程中安全有效，应当做到以下几点。

①对档案数字化加工过程中使用的计算机、扫描仪等数字化设备的信息输出端口，档案数字化加工网络、存储介质等方面的要求需符合信息风险管理要求。

②避免人为不安全操作，要从培养设备使用、维修、管理入手，提高操作人员的技术能力，避免设备使用中的蛮干、滥用、超负荷、超性能、超范围等各种不正确的使用方式，以免造成设备过度磨损、使用寿命降低，从而导致安全事故。

③创造良好的设备使用环境，合理组织工作，避免设备发生锈蚀等影响性能现象，杜绝环境对设备的不利影响。

第五节　档案数字化保障机制风险及其管理

一、保障机制风险因素分析

（一）机构建设的风险因素

档案数字化加工需要组建专门的组织机构，明确领导者、参与者的角色定位、任务分工及职责要求。组织机构的职责应贯穿于加工流程的每一个阶段。机构建设不当，将造成管理职责空缺；设置重叠，将造成工作矛盾频生；组织乏力，将造成生产效率低下。组织机构建设得力有助于风险控制与抵御，否则，风险将频生并导致泛滥。

（二）建章立制的风险因素

建章立制的风险主要指章程、制度的制定，执行和修改完善不到位所引发的风险。其主要表现有：在制度制定方面，制度定立不够科学、严谨，缺乏时效性，可操作性不强；在制度执行方面，机制缺乏相互支撑、相互制约，约束力和监督力的作用不明显，很难形成有效的常规化工作措施；已经不适应形势变化的制度不能得到及时补充、修改和完善等。制度不健全、不配套、不合理、不执行，导致数字化加工过程中的随意性风险增强。

（三）标准执行的风险因素

遵循标准是档案数字化安全和质量控制中最重要的环节，否则易造成无法弥补和挽救的损失。目前，我国在数字化标准执行中存在两大风险因素。一是有标准而人为忽略或不执行的风险。虽然我国在档案数字化方面建立了一系列标准，各地也根据自身实际情况制定了相关规范，但数字化服务机构往往为追求工作效率和效益，而忽视标准的重要性与严肃性，不能严格执行标准要求，仅凭员工个人的主观认知来确定处理方式，破坏了档案数字化进程的科学性和规范性，导致整个工序前后标准不一，数字化质量差，为后续数字档案管理、利用及长期保存带来诸多风险。二是无标准要求可依的风险。在实际工作中，一些特殊档案的数字化和某些具体环节还存在无标准可循的情况，如数字化格式的选择、数字化设备选购、数字化质检标准等。可以说，目前我国档案数字化方面的标准体系尚不健全，标准体系有待完善，这也给档案数字化工作带来了相应的风险。

（四）资金管理的风险因素

档案数字化需要大量、持续的资金投入，需要相关软硬件系统支持，因而面临较高的经济因素带来的风险，包括资金缺乏、预算不足、投入不当三个方面，可能引起包括设备、技术、人员投入不足，服务中断等风险。另外，在数字化外包过程中可能出现的一些潜在成本不能忽视，如软硬件升级、人员培训、设备增加等形成的费用，这些费用应在数字化加工规划之时就考虑在内。

（五）外包形式的风险因素

档案数字化外包形式主要有两种，即完全外包和部分外包。完全外包形式下，档案部门的组织工作相对简单，节省人力、物力，但数字化服务机构（承包方）往往缺乏档案专业人员，遇到档案业务方面的问题不能及时解决，敷衍了事，可能造成数字化加工质量难以保证的风险。部分外包形式下，可结合档案部门专业性和数字化服务机构（承包方）技术性的优点，工作质量较好，但组织工作相对复杂，出现问题易互相扯皮，缺乏有效的激励机制，可能造成数字化加工进度难以保证的风险。

（六）外包招标的风险因素

为确保档案数字化工作效率、加工质量和安全保密等各项指标需求能够达到最优化，档案数字化外包工作需要进行公开招标，涉及国家安全或国家秘密的档案不可进行数字化外包加工。

经鉴定可采取档案数字化外包方式的，在招标过程中应严格规范操作，对竞标公司进行严格的资格审查，与中标公司签订保密、安全和质检等方面要求的协议。如果对这些风险认识不足、控制不力，在招标过程中容易滋生暗箱操作、弄虚作假、以次充好等现象。数字化项目招标方案（数字化规模、数字化内容、库存实际、对公司的审查要求等）不到位或不科学，可能导致与目标发生较大偏差、合同条款模糊不清、盲目签约等风险。

（七）数字化加工服务机构资质的风险因素

档案数字化加工服务机构随档案部门的需求应运而生，但目前缺乏市场准入机制约束，任何一家服务机构都可以轻松介入这个领域，容易造成档案数字化加工服务机构良莠不齐、企业资质未经实践检验等风险。

1. 质量的风险

档案数字化加工服务机构提供的设备可能不符合要求，且由于经费不足、管理不善、人员未经培训及不具备作业能力等诸多因素叠加，可能导致实体档案受损、数字化整体质量难以保证的风险。

2. 履约的风险

档案数字化加工服务机构缺失履约能力，签订空头合同，无故终止，违反规定中途转包等；档案部门在合约期间又难以追责，导致合同无法履约的风险。

3. 管理的风险

档案数字化加工服务机构往往以追求利益为目的，对档案保护的必要性、重要性缺少意识，一旦档案损毁，损失就难以弥补。档案数字化加工服务机构在管理过程中存在的风险有：重视经营、轻视管理；自身机制薄弱、相关规章缺失、有效执行力弱、流程运作混乱；缺少技术人才、缺少人员从业资格、缺少专业技能培训，人员素质良莠不齐；个别人员为了利益，无视相关保密规定与规章制度，窃取倒卖档案，泄露档案内容等。

（八）服务机构人员构成及管理的风险因素

档案数字化加工服务机构对档案数字化加工进行人力资源组织与配备可能造成的风险因素包括观念淡漠、人技缺乏、用人管理不善等。

1. 观念淡漠

观念淡漠是指工作人员对档案数字化工作管理缺乏正确认识，在实际工作中采取不作为态度和错误的工作方法，表现为制订和实施错误的工作方案，缺失或不落实安全管理制度，不能严格执行档案数字化相关标准等。

2. 人技缺乏

人技缺乏是指档案数字化加工服务机构缺乏管理与技术人才。员工队伍没有数字化加工管理经验，缺乏数字化加工专业技能，档案基础知识薄弱，业务培训体系不完善，存在工作执行力度与效果削弱的风险。

3. 用人管理不善

用人管理不善是指数字化加工服务机构内部用人存在的风险。比如，企业人员采取聘任制，人员选用多考虑成本与效益，对人员考察不够深入，可能出现档案遗失、泄密事件。其风险体现在：公司没有与员工正式的劳动合同及保密协议；存在外资和外籍人员；没有人员流动管理的预案与措施等，在数字化加工过程中安全风险骤增。

二、保障机制风险管理

（一）建立健全组织机构

风险管理的实施必须依赖一个健全的风险管理组织机构。是否具备一个分工明确、各司其职、上下沟通顺畅的组织机构，将直接关系到风险管理的成败。而不同机构中风险管理内容与流程不尽相同，风险管理部门的设置也并不一致。因此，如何结合自身的特点，建立有效的风险管理组织机构，是风险管理者在建立风险管理机制时必须考虑的一个重要问题。

档案数字化风险管理组织机构设计特点是全员风险管理，即由主要领导负责，档案保管、修复、信息化、业务指导、办公、财务、保卫、数字化、利用等多个部门几乎全员共同参与，全体参与人员构成了风险管理组织机构因子，这同时也意味着组织中的每一个人对风险管理都负有责任。因此，数字化组织机构建设应明确数字化工作中的领导者、参与者的角色定位、任务分工及各自职责、能力要求。涉及数字化的所有人员应该顾全局、有事业心、有责任心，有保密意识和安全意识。

组织机构的职责贯穿于加工流程的每一个步骤之中，从档案鉴定、整理，到统计确定数字化档案内容、数字化方式，从外包方案的制定、经费预算、规划与实施，到数字化加工监管、质检、入库，可以说档案数字化业务外包整个流程中的每一个步骤都离不开有效的组织机构。所以，无论是档案部门，还是档案数字化服务机构、监督单位都应当建立档案数字化的风险管理组织。

组织机构的建设对于有效的风险控制尤为重要。健全的组织机构可以使单位内部之间及单位与服务机构之间进行有效的沟通协调，既可提高工作效率，又可对出现的安全问题及时处理和防范，促使服务机构尽快进入工作状态，流畅地完成计划。组织机构混乱必然导致数字化业务外包的质量、保密管理等得不到有效的保障。

（二）强化标准执行力度，完善制度建设

档案数字化的成败关键在于质量与安全，标准和制度是质量与安全的根本保证。只有提高对标准与制度重要性的认识，才能增强执行档案标准的自觉性。要通过加强相关人员的培训、业务考核办法，强制性要求其采用标准。要建立起一套系统的安全规章制度，以规定什么人在什么时间做什么事情，规定业务工作程序，分配责任和权利等。必须强化职能与专业分工，强调制度化档案安全管理的氛围，推行标准化管理，使每一项工作、指标、制度、方案、细则，

都能在规章制度规范下操作。

制度在风险管理中发挥的作用：一是依法制定的规章制度可以保障数字化工作运作有序化、规范化，可在一定程度上降低风险；二是有效的制度能降低流程运作成本，提高数字化质量；三是规章制度可以防止管理的任意性，即以制度管理人员，管理工作更易于被接受；四是规章制度能规范数字化工作参与人员的行为，不偏离档案数字化的工作方向。

因此，建立和完善规章制度是数字化工作正常开展、风险防范的重要保证。规章制度的建立和完善，不仅能对一些具体工作中的制度化管理起推动作用，还可以进一步挖掘工作人员的潜能，调动工作人员的积极性。

（三）实施全流程安全监督与检查

档案数字化加工过程中，各个风险管理组织要计划、布置、安排好安全监督和检查工作。工作负责人要对工作组成员的工作全过程进行监督，及时纠正不安全行为。工作现场要有专门负责安全监督的管理人员，除了要对工作组成员的行为进行监督外，还要监督工作负责人是否严格履行其安全职责。特别是将数字化业务外包的单位，通常数字化外包单位和数字化加工服务机构完全依靠法律约束开展工作，彼此隔离，造成沟通困难，且仅依靠法规约束，效力有限，一些工作细节通过法律无法详尽，一些安全问题一旦出现，很可能造成双方都无法挽回的损失，所以必须建立有效的监督、指导及管理机制，包括外包单位对服务机构的安全监督、指导，服务机构内部的自我安全监督指导，以及接受各级档案行政管理机构与保密部门的监督检查与指导。

（四）准确预算，科学投入

根据档案数字化加工数量、所需设备与人员，应当充分考虑潜在的资金投入，参考市场价格编制合理的预算方案，强化资金的全方位管理。档案数字化项目预算必须严格按照有关法规制度进行，并组织论证评估，防止因违规违纪造成资金的损失浪费。档案部门应当加强监督资金的使用过程，强化关键环节管理。要切实考虑重大危险因素及重大环境因素，采取必要措施预防控制。安全管理经费应纳入数字化项目专项预算，专门用于安全管理，如场地监控的安装费用等。同时要通过严格的监督和审查，保证安全经费的落实，确保经费的分配与使用科学合理。

（五）严格把关，慎选外包服务机构

目前，承揽档案数字化业务外包的服务机构有很多，如何选择，业内尚无统一规范或相关参考标准，因此需要根据档案行业工作实际，综合考察数字化加工服务机构的实力。

数字化加工服务机构资质是该公司从事档案数字化业务具备的资格及与此资格相适应的质量等级标准，主要包括企业的人员素质、技术及管理水平、工程设备、资金及效益情况、承包经营能力和业绩等方面。

实际考察服务机构资质，主要从服务机构成立时间、营业执照、税务登记证、组织机构代码、注册资金、是否具备国家保密局颁发的涉密信息系统集成软件（单项开发）资质证书、相关认证证书、荣誉证书、在职人员数量、工作中出现安全问题时的安全预案及承担后果的能力等方面进行考察。

目前在业界还没有"档案数字化加工资质"方面的认证，此方面的考察一般通过以下几点：档案数字化加工服务是否为该公司的主导业务；已完成档案数字化业务质量情况；数字化加工流程及技术指标是否符合相关标准；档案管理软件是否为自主开发；业内的评价等。具体主要有以下几条。

①服务机构必须是在中华人民共和国境内登记注册的企业或事业法人。注册资金合法，无境外（含港澳台）组织、机构、人员的投资。

②具备工商管理部门核发的有效营业执照，以档案数字化加工服务为主导业务，其业务范围中具有数字化加工或者档案扫描项目，并完成过档案数字化业务。

③具有一定的软件开发能力，使用正版档案数字化加工信息管理系统。

④在以往的数字化业务中无安全事故、泄密事件记录；服务机构或其员工无非法持有档案及档案复制件等不良行为。

⑤有条件的地区，服务机构还应当依法取得保密行政管理部门授予的"国家秘密载体印制资质"（档案数字化类），并在县级以上档案行政管理机构备案。

外包服务机构工作人员应具备的条件：首先应为中华人民共和国境内公民，无犯罪记录；其次要与所在档案服务机构签订劳动合同与保密协议；再次需要通过县级以上档案行政管理部门组织的上岗资格培训；最后最好是档案专业毕业的大专或以上职员。

（六）外包保密协议签订要求

档案部门进行数字化外包或聘用外包人员时应签订安全保密协议，明确双方的安全责任与义务。档案馆（室）应当指定机构或专人，负责对保密协议的执行情况进行日常监督、检查。

①规定从业人员不得下载、留存、持有和使用档案馆（室）的任何信息，违者承担法律责任并予以相应经济处罚。服务机构要对其聘用的工作人员进行身份审查和登记备案，与其签订保密协议。

②服务机构应当建立保密和安全工作制度，加强档案保密和安全工作的监督与管理，履行档案数字化过程中的安全管理义务，确保档案与档案信息的绝对安全。

③服务机构工作人员应当严守库存档案中党和国家的秘密，维护档案信息安全。

④服务机构及其工作人员违反协议内容造成的经济损失，由服务机构承担全部经济责任；如违反相关法律的，应追究其相关法律责任。

⑤安全保密协议签订十日内应当报同级保密行政管理部门和档案行政管理机构备案。

（七）教育引进，加强人才队伍建设

档案数字化项目实施中的各类风险因素，在很大程度上是人的风险。所以，人员风险是管理风险的关键控制点。用人之道，道德为先。对于人员的配备，业务水平是能否胜任岗位职责的条件，诚实、正派、责任心、使命感更是必备条件。在人力资源控制过程中，档案数字化部门应当实施人员安全培训和教育计划，增强全员风险管理意识。同时要设置或储备掌握风险管理技术和方法的专门人员，防微杜渐，为可能出现的风险做好相关准备。

档案数字化部门应构建信息安全保密教育体系，将管理理念和技术手段有机结合起来，用规范的制度约束人、用先进的教育理念与内容培养人，经常性开展各种形式的安全保密教育活动。同时建立健全信息安全保密制度，改变现有的管理模式，弥补技术、制度、体制等方面存在的不足，从标准、技术、管理、服务、策略等方面形成综合的信息安全保密能力，着力建设一支过硬的数字化加工队伍。

（八）强化档案数字化风险意识

加强风险管理是以增强风险意识为前提的。实践证明，没有风险意识或风险意识淡薄，是不可能加强风险管理的。缺乏风险意识或风险意识淡薄有多种表现：一是无视风险的存在，关注点只在数字化数量、数字化效率及成本上，盲目开展数字化工作；二是风险意识存在，却心存侥幸，认为能躲过风险，因

而对可能降临的风险不够重视，不能做到防患于未然；三是囿于局部经验而高估应对风险和化解风险的能力，麻痹大意，风险管理准备不足；四是因现实中缺乏严格的责任追究制度，使相关人员对风险损失抱无所谓的态度，因而无所谓风险意识，也无所谓风险管理。

唤起、强化风险意识需从这几方面入手：一是健全组织机构，明确工作分工，明确具体的负责人及成员，特别是风险管理的任务要落实到具体人，并明确奖惩制度；二是加强安全训练教育，利用多种渠道普及风险预警、危机应对相关知识，要求数字化工作人员和监管人员"居安思危"，充分认识档案安全的重要性，并适时组织安全风险发生的应急演练，从而树立和增强全员风险意识；三是将风险预防作为日常工作的组成部分，及时捕捉风险信号，采取得力措施，将风险带来的损失降到最低，避免危机的产生。

参考文献

[1] 赵豪迈.数字档案集中管理研究[M].西安：陕西师范大学出版社，2016.

[2] 金波，丁华东，倪代川.数字档案馆生态系统研究[M].北京：学习出版社，2014.

[3] 赵屹.数字时代的文件与档案管理[M].上海：世界图书出版公司，2014.

[4] 金波，于英香.新趋势、新思维、新途径：数字时代的档案工作[M].上海：世界图书出版公司，2013.

[5] 卢森林，吴丽华.基于网络环境下馆藏档案数字化、编研与利用研究[M].北京：北京理工大学出版社，2015.

[6] 陈文新.新时期国家综合档案馆现代化建设研究[J].办公室业务，2014（5）：240.

[7] 李碧云.新时期档案数字化管理策略研究[J].城建档案，2017（4）：21-22.

[8] 万惠.新时期下数字档案的管理与利用刍议[J].青海师范大学民族师范学院学报，2018，29（2）：94-96.

[9] 詹逸珂，苏焕宁.论档案化管理：文件归档范围的扩展[J].档案管理，2021（3）：56-59.

[10] 陈黎黎.档案数字化管理的现状与对策[J].大众文艺，2021（9）：224-225.

[11] 张文馨，张笑星，田议方.我国人工智能在档案领域的应用研究综述[J].兰台内外，2021（15）：12-15.

[12] 庞潇宁.数字背景下科技档案信息化建设与管理[J].兰台内外，2021（15）：31-32.

[13] 封玮.档案管理从信息管理到数据管理的转型机制与全新策略[J].兰台内外，2021（15）：35-36.

[14] 任黎.根据新修订的《档案法》开展档案工作的几点思考[J].机电兵船档案,2021(3):32-33.

[15] 金满银.新形势下高职高专院校档案管理数字化发展的思与行[J].机电兵船档案,2021(3):48-50.

[16] 千艺兵.数字档案馆建设工作的几点思考[J].机电兵船档案,2021(3):54-56.

[17] 王文强.企业智慧档案馆(室)建设构想[J].机电兵船档案,2021(3):62-64.

[18] 肖诗羽,彭婷.数字化转型期企业档案管理问题与对策分析[J].办公室业务,2021(10):148-149.

[19] 雷晓蓉,刘少朋,赵弘磊.数字校园环境下电子文件归档管理存在问题及对策研究[J].机电兵船档案,2021(3):68-70.

[20] 杨茜雅.新时期档案信息化建设发展趋势[C]//中国档案学会.创新:档案与文化强国建设——2014全国档案工作者年会优秀论文集.北京:中国文史出版社,2014:6.